Viola Schillinger

Zwerg kaninchen

So geht es deinen Tieren gut

Mit den wichtigsten **Dos** & **Don'ts**

KOSMOS

Inhalt

Die Reihe mit den Dos & Don'ts

Do! *Don't*

⟶ **Auf einen Blick** Die Dos & Don'ts geben dir einen schnellen Überblick, um das Wesentliche auf den jeweiligen Seiten zu erfassen. Auch in den Umschlagklappen findest Du vorne alle wichtigen Dos und hinten alle Don'ts für deine Kaninchenhaltung.

58 **Kaninchen gut versorgen und verstehen**

98 **Service**

Kaninchen aussuchen

Vom Wunsch zum Einzug

Überlegungen vor dem Einzug

Kaninchen sind possierliche Tiere, die in Windeseile unsere Herzen erobern. Hat man sich erst einmal in ein Kaninchen verliebt, entscheidet oft nur noch das Gefühl. Gerade bei der Adoption neuer Kaninchen können jedoch viele Fehler vermieden werden, wenn man sich zuvor ein wenig erkundigt. Dann steht dem glücklichen Zusammenleben von Mensch und Tier nichts mehr im Wege.

Mit Kaninchen zur Miete?

Kaninchen gelten im Mietrecht als Kleintiere, sie sind weder genehmigungspflichtig noch dürfen sie pauschal vom Vermieter verboten werden. Entsprechende Klauseln im Mietvertrag sind unwirksam. Große, fest verankerte Außengehege müssen vom Vermieter genehmigt werden. Für Schäden kommt häufig die private Haftpflichtversicherung auf.

Kosten im Überblick

Anschaffungskosten	Zwei Tiere	100 - 200 € (wenn bereits kastriert, parasitenfrei, geimpft ...) oder ca. 60 - 80 € + ca. 15 € Kotprobe, 60 - 80 € je Kastration, 50 - 60 € je Impfung
	Innengehege	Ca. 100 - 150 € (Gehegeumrandung, PVC-Boden, Wohnungssicherung ...)
	Außengehege	Großes, mardersicheres Gehege mit Volierendraht und Schutzhütte ca. 200 - 600 €
	Zubehör	Ca. 100 € (Buddelkiste, Tunnel, große Häuschen mit 2 Eingängen, Etagen, Futternäpfe, Trinknapf, Beschäftigungszubehör, Raufen, ...)
Laufende Kosten im Monat	Toiletteneinstreu	Ca. 10 - 20 €/Monat
	Futter	Ca. 1 €/Tag/Tier, wenn im Sommer gepflückt und im Winter saisonal gekauft wird, sonst eher 2 €/Tag/Tier einplanen
	Zubehör etc.	Ca. 10 €/Monat
Zusätzliche Kosten	Impfungen, Kotproben ...	60 - 80 €/Impfung/Tier 1 - 2 x jährlich, Kotprobe ca. 20 € 1 - 2 x jährlich
	Erkrankungen	Schnell im drei- oder vierstelligen Bereich, schwer kalkulierbar. Evtl. auch eine Tierkrankenversicherung abschließen (ab ca. 10 €/Monat/Tier) oder ein Geldpolster von 1000 € je Kaninchen einplanen und monatlich Geld zurücklegen.

„Das hätten wir gerne vorher gewusst"

Ich habe Kaninchenhalterinnen und -halter befragt, was sie am meisten unterschätzt haben, die Antworten waren überraschend:

Nimmersatt Die meisten hätten niemals gedacht, welch große Mengen Frischfutter Kaninchen fressen und auch, mit welchen Kosten diese Mengen im Winter verbunden sind.

Kaninchen kosten viel Geld Generell haben sehr viele Halterinnen und Halter geschrieben, dass sie die Kosten unterschätzt hätten. Hier spielten auch Tierarztkosten eine entscheidende Rolle, diese können bei manchen Erkrankungen durchaus in den vierstelligen Bereich gehen. Krankenversicherungen können diese Ausgaben kalkulierbar machen.

Eine Frage der Rasse Auch die Anfälligkeit vieler Rassen für Erkrankungen, wie z. B. Kaninchen mit Schlappohren, wurde häufig genannt. Daher lege ich bei den Rassevorstellungen ein besonderes Augenmerk darauf (siehe S. 13 ff.).

Ein ewiger Kreislauf? Kaninchen sind hoch soziale Tiere, deshalb müssen sie immer mindestens zu zweit gehalten werden. Sollte ein Kaninchen versterben, bleibt eins verwitwet zurück und braucht erneut ein Partnerkaninchen. Es kann schwer sein, aus der Haltung auszusteigen: „Kaninchen auf Zeit" können dem einsamen Kaninchen Gesellschaft leisten oder aber man vermittelt es in gute Hände.

Passen Kanichen zu mir?

- Bin ich gegen Kaninchen, Heu oder Staub allergisch (Probekuscheln oder Allergietest)?
- Habe ich eine zuverlässige Urlaubsbetreuung (Tierpension, mobile Tierbetreuung, Freunde, Verwandte)?
- Kaninchen können sehr teuer sein: Kann ich die Kosten für die Haltung und den Tierarzt stemmen?
- Kaninchen werden 6–12 Jahre alt. Kann ich mir vorstellen, sie auch noch in zehn Jahren tagtäglich optimal zu versorgen?
- Kaninchen machen gerade im Haus sehr viel Dreck. Kann ich mit umherfliegender Einstreu und Kötteln leben?
- Kaninchen sind wechselaktiv und daher auch nachts unterwegs. Macht es mir nichts aus, wenn sie nachts laut nagen, Fangen spielen, herumkraxeln und Näpfe herumschieben? (Nachts sollten sie nicht im Schlaf- oder Kinderzimmer leben!)
- Kaninchen brauchen so viel Platz wie eine Katze. Kann ich mir ein enges Zusammenleben mit ihnen vorstellen bzw. bin ich bereit, ihnen einen großen Lebensraum zur Verfügung zu stellen, und habe ich genug Platz dafür?

Kaninchen als Familientiere

Der Wunsch nach einem Tier

Viele Kinder entwickeln früher oder später den Wunsch nach einem eigenen Haustier, oftmals werden daraufhin Kaninchen als ideales Kindertier empfohlen. Leider werden sie diesem Ruf als pflegeleichtes Tier nicht gerecht, denn die Versorgung und Pflege benötigen im Schnitt eine halbe bis Stunde Zeit am Tag, und auch wenn viele von ihnen gerne auf dem Boden sitzend gestreichelt werden, mögen sie es nicht, hochgehoben und herumgetragen zu werden. Stehen die Eltern jedoch hinter der Haltung und begeistern sich für die Langohren, können sie durch eine gute Anleitung ihrer Kinder dafür sorgen, dass die Tiere eine Bereicherung sind. Durch die Fütterung mit Wildpflanzen, die Beobachtung der Kaninchen und regelmäßige Pflege bekommen die Kinder einen Zugang zur Natur und verantwortungsvolles Handeln vermittelt.

Mein Tipp

Kindergeschrei und Toben sind für die Langohren mit ihrem guten Gehör schwer auszuhalten, viele Kaninchen reagieren ängstlich. Aus diesem Grund, und weil Kaninchen nachts aktiv sind, ist eine Unterbringung im Kinderzimmer nicht zu empfehlen.

Kinder brauchen Anleitung

Die Verantwortung für die Tiere liegt bei den Eltern. Kinder verlieren schnell das Interesse oder sind mit der regelmäßigen Pflege überfordert. Als Elternteil sollte einem bewusst sein, dass diese Phasen auftreten und letztendlich die Pflege an einem selbst hängen bleiben kann. Im Umgang mit den Kaninchen sollte den Kindern erklärt werden, dass Kaninchen Fluchttiere sind und beim Anheben das Gefühl haben, von einem Greifvogel gefangen zu werden. Um das Vertrauen der Tiere zu gewinnen, sollten Kinder erlernen, sich mit Futter in die Hocke zu begeben und ihnen nicht hinterherzujagen. Kleine Kinder müssen zudem beaufsichtigt werden – Schlösser an den Türen können helfen, damit es nicht zu Unfällen kommt. Lässt ein Kleinkind in einem unbeobachteten Moment ein Kaninchen fallen oder erdrückt es aus Versehen, ist das nicht nur für das Tier, sondern auch für das Kind traumatisch.

Kinder haben oftmals einen besonderen Zugang zu Tieren, wenn sie richtig durch verantwortungsvolle Erwachsene herangeführt werden.

Erstausstattung für Kaninchen

⟶ Die Grundausstattung sollte schon vor dem Einzug vorbereitet werden. Der Handel hält allerlei Zubehör für Kaninchen bereit, mit der Liste fällt es leicht, Wichtiges von Überflüssigem zu unterscheiden und Fehlkäufe zu vermeiden.

- Transportbox (mind. 50 x 30 x 50 cm)
- Kaninchenbuch

Zubehör

- Heuraufe (oben geschlossen, sonst Verletzungsgefahr!)
- Trinknapf (standsicher aus Keramik, keine Trinkflasche)
- Einstreu, z. B. Holzpellets und Stroh als Überstreu
- Mindestens ein Häuschen je Kaninchen (zwei Eingänge, mind. 50 x 40 cm, handelsübliche Häuschen sind meistens zu klein)
- Buddelkiste, die mit Einstreu, Erde oder Sand gefüllt werden kann
- Tunnel
- Etagen
- Beschäftigungszubehör

Pflege

- Besen und Handfeger mit Kehrblech zur Reinigung des Geheges
- Zupfbürste bei langhaarigen Kaninchen oder bei Problemen mit dem Fellwechsel (häufig in Innenhaltung)
- Hausapotheke, siehe S. 97
- Krallenschere
- Essigessenz oder Zitronensäure, die den Urinstein in den Toiletten löst
- Schaue nach kaninchenkundigen Tierärztinnen oder Tierärzten in deiner Umgebung (siehe S. 97)! Die meisten Tierärzt:innen kennen sich zu wenig mit Kaninchen aus.

Futter

- Heu
- blättriges Gemüse oder Wiese
- Leckerlies (Trockenkräuter, Obst ...)
- Zweige oder Tunnel aus Weide als Knabbermaterial

Haltung in der Wohnung

- Eine Umzäunung für ein Innengehege (keinen Käfig!)
- Wandschutz
- Toiletten/Käfigwannen/Katzentoiletten (Käfigwannen gibt es z. B. im Zoohandel, Plastikkisten im Möbelhaus oder im Baumarkt), mind. 80 x 50 cm (handelsübliche Toiletten sind zu klein!)
- PVC-/Vinylboden als Unterlage, z. B. aus dem Möbelhaus oder vom Baumarkt (größer als das Gehege, damit die Ränder nicht benagt werden können!)
- Kleine Flickenteppiche (bei Bedarf waschbar) zum Auslegen und Sitzplätze Auspolstern
- Buddelkiste

Plane von Anfang an genug Platz für deine Kaninchen ein – der Bewegungsdrang wird häufig unterschätzt. Wand- und Bodenschutz helfen, den Bereich sauber zu halten.

Haltung im Garten

- Ein mardersicheres Außengehege (gekauft oder selbst gebaut)
- Schutzhütte (niemals Kaninchen darin einsperren)
- Ein ausreichend hoher Zaun für den Tagfreilauf
- Teichnetz oder Obstbaumnetz als Greifvogelschutz (Tagfreilauf)
- Buddelschutz für den Tagfreilauf und das Nachtgehege

Haltung auf dem Balkon/ Dachterrasse

- Ein Balkongehege (ggf. auch bei den Außengehegen schauen)
- Schutzhütte
- Buddelkiste
- Toiletten/Käfigwannen/Katzentoiletten (Käfigwannen gibt es z. B. im Zoohandel, Plastikkisten im Möbelhaus oder im Baumarkt), mind. 80 x 50 cm (handelsübliche Toiletten sind zu klein!)
- Bodenschutz: PVC-/Vinylboden als Unterlage (größer als das Gehege, damit die Ränder nicht benagt werden können!)
- Evtl. Rasenteppich oder kleine Flickenteppiche (bei Bedarf waschbar zum Auslegen und Sitzplätze Auspolstern)

Im Handel wird jede Menge gesundheitsschädliches, gefährliches oder ungeeignetes Zubehör angeboten, das unsere Kaninchen krank machen kann. Erstkaninchenhalter erwerben häufig zu kleine Häuschen mit nur einem Eingang, Nippeltränken (sie spenden zu wenig Wasser), Leinen, in denen sich Kaninchen erdrosseln können, Salzlecksteine, handelsübliches Kaninchenfutter (es macht Kaninchen krank), gefährliche Raufen ohne Abdeckung oder auch klassische Käfige, bei denen Verletzungsgefahr an den Gitterstäben (Türchen oder Deckel) besteht und die einfach viel zu klein für Kaninchen sind. Informiere dich von Anfang an und vermeide so, deine Kaninchen zu gefährden oder viel Geld für ungeeignetes Zubehör auszugeben!

Welche Kaninchen passen zu mir?

Pärchen oder Gruppe?

Kaninchen dürfen nicht alleine gehalten werden, denn das wäre absolut nicht artgerecht und widerspricht dem deutschen Tierschutzgesetz, das festlegt, dass Kaninchen „ihrer Art und ihren Bedürfnissen" entsprechend gehalten werden müssen.
Ein Pärchen, bestehend aus einem kastrierten Rammler und einer Häsin oder drei gemischtgeschlechtlichen harmonischen Kaninchen (die bereits zusammen übernommen werden) sind die beste Kombination, da sie lebenslang harmonisch bleiben und somit ideal für Anfänger geeignet sind. Von gleichgeschlechtlichen Pärchen ist abzuraten, da sich viele in der Pubertät zerstreiten. Wer größere Gruppen halten möchte, sollte mit einer kleinen Gruppe anfangen und erst einmal Erfahrungen sammeln, bevor die Gruppe vergrößert wird.

Jungtiere oder erwachsene Kaninchen?

Der Wunsch nach jungen Kaninchen ist nachvollziehbar, da man sie aufwachsen sehen kann und von Anfang an eine Bindung zu den Wunschkaninchen aufbaut. Allerdings gibt es auch gute Gründe, erwachsenen Kaninchen ein Zuhause zu geben, die man sich durch den Kopf gehen lassen sollte. Ausgewachsene

Ein Pärchen aus einem kastriertem Rammler und einer Häsin harmonieren in der Regel gut miteinander.

Ein kurzer Überblick

- Hängende Ohren = Widder
- Zwerg, Zwergkaninchen = sehr kleines Kaninchen (ca. unter 2 kg) mit kurzen Ohren
- Lange Haare, langes Fell = Angora oder Teddy
- Mähne oder längere Haare um die Ohren/am Kopf (ansonsten kurze Haare) = Löwenköpfchen (evtl. auch Bartkaninchen)

Je ähnlicher Kaninchen wie Wildkaninchen aussehen, desto weniger sind sie von rassetypischen Erkrankungen betroffen – so wie dieser putzige Farbenzwerg.

Kaninchen sind leichter zu halten und weniger anfällig, zum Beispiel können Jungtiere an Darmparasiten versterben, wenn man diese nicht behandelt, oder durch Fütterungsfehler schneller und schwerer erkranken, wenn man noch nicht so gut informiert ist. Während bei älteren Kaninchen der Charakter klar ist und Eigenschaften wie eine gute Stubenreinheit oder Zutraulichkeit bereits unter Beweis gestellt wurden, können Jungtiere ein Überraschungspaket sein. Zudem sollte die Lebenserwartung beachtet werden, Jungtiere können einen mehr als ein Jahrzehnt begleiten – in diesem Zeitraum können sich die Lebensumstände ändern. Kannst du bereits so weit in die Zukunft planen?

Kaninchenrassen

Farbenzwerge

Die typischen „Zwergkaninchen" gibt es in allen Farben. Wegen ihrer geringen Größe gehören sie zu den beliebtesten Rassen.

Gewicht 1–1,5 kg

Charakter flink, aktiv, frech

Darauf solltest du achten Seriöse Züchter verpaaren Zwergkaninchen immer mit einem größeren Kaninchen, um den Letalfaktor zu verhindern, ein Teil der Geschwisterchen kommt bei diesem nicht lebensfähig zur Welt. Wähle keine Kaninchen mit platter Schnauze, blauen oder roten Augen.

Löwenköpfchen kann man gut an ihrer buschigen Mähne erkennen.

Die auffällige Fellzeichnung macht Holländerkaninchen unverwechselbar.

Löwenköpfchen

Löwenköpfchen erkennt man an ihrer Mähne, sie sind nur in wenigen Farben offiziell als Rasse anerkannt, werden aber in vielen Farben gezüchtet.

Gewicht ca. 1,4 – 1,8 kg je nach Rassestandard, oft jedoch etwas schwerer

Charakter aktiv, frech, neugierig, freundlich

Darauf solltest du achten Neben den bei den Farbenzwergen genannten Risiken ist es bei den Löwenköpfchen wichtig, sein Augenmerk darauf zu richten, dass die Tiere nicht zu stark behaart sind, sonst sind sie unter Umständen extrem aufwendig in der Pflege, insbesondere wenn die Afterregion dicht behaart ist und Kot und Urin im Fell hängen bleiben. Manche Löwenkopfkaninchen haben als Mähne und am Hinterteil sehr buschiges Fell, das leicht verfilzt. Schau dir bei Jungtieren die Elterntiere an, um zu sehen, wie sie behaart sind, da es bei Jungtieren meistens wenig ausgeprägt ist.

Sachsengold

Diese Rasse ist rot mit hellem Bauch und heller Unterseite des Schwanzes (Blume).

Gewicht ca. 2,75 – 3,25 kg

Charakter zutraulich, ruhig, ausgeglichen

Darauf solltest du achten Es handelt sich um sehr gesunde Kaninchen ohne rassetypische Erkrankungen.

Holländerkaninchen

Holländerkaninchen haben die typische Augenmaske, farbige Ohren, einen breiten weißen Streifen und ein farbiges Hinterteil. Die farbigen Bereiche sind je nach Farbenschlag unterschiedlich gefärbt.

Gewicht ca. 2,50 – 3,25 kg

Charakter freundlich, ruhig, ausgeglichen

Darauf solltest du achten Sehr gesunde Kaninchen. Blauäugige Holländer können unter Taubheit leiden (Leuzismus).

Kleinsilber

Ihr Charakter wird oft geschätzt, es gibt sie in schwarz, blau, havannafarbig und gelb.

Gewicht ca. 2,50 – 3,25 kg

Charakter ruhig, ausgeglichen, robust

Darauf solltest du achten Rassetypische Erkrankungen sind nicht bekannt.

Lohkaninchen

Die lohfarbigen Kaninchen fallen durch ihre auffällige Färbung sofort auf, es gibt sie in unterschiedlichen Grundfarben.

Gewicht ca. 2,00 – 3,25 kg

Charakter frech, intelligent, scheu

Darauf solltest du achten Lohkaninchen sind eine sehr gesunde Rasse.

Deutsche Riesen sind die größte Kaninchenrasse. Sie können über 10 Kilogramm wiegen.

Deutscher Riese

Die größte Kaninchenrasse ist der Deutsche Riese, Weltrekord hält Darius mit einer Länge von 1,29 Metern.

Gewicht ca. 7–11,5 kg, wobei die meisten um die 7 kg wiegen.

Charakter ruhig, ausgeglichen, gemütlich, verfressen, sehr zahm und zutraulich. Deutsche Riesen sind im Schnitt mit Abstand die zahmste Kaninchenrasse.

Darauf solltest du achten Riesen sind oft etwas krankheitsanfälliger, auch die Lebenserwartung ist mit etwa 4–7 Jahren nicht so hoch wie bei anderen Züchtungen. Riesen neigen zu Gelenkserkrankungen bis hin zu Lähmungen. Zudem leidet ein Großteil unter Herzerkrankungen. Durch ihr Gewicht sind sie anfällig für wunde Läufe. Weiße Deutsche Riesen sind Albinos und haben daher eine Sehschwäche und sind lichtempfindlich.

Hasenkaninchen

Hasenkaninchen sind ideal, wenn man gerne Tricktraining macht, sich viel mit den Kaninchen beschäftigt und ein großes Gehege mit Gartenfreilauf bieten kann, denn sie brauchen mehr Platz als andere Kaninchen.

Charakter neugierig, ausbruchsfreudig, aktiv, bewegungsfreudig, intelligent

Das solltest du beachten Manche Hasenkaninchen entwickeln im Alter Gelenkserkrankungen.

Hasenkaninchen haben einen grazilen Körperbau und sind eine aktive, bewegungsfreudige Rasse.

Kaninchen mit roten Augen leiden unter einer Sehbehinderung.

Die Hängeohren bei Widderkaninchen machen sie sehr anfällig für chronische Ohrenentzündungen.

Hase oder Kaninchen?

Alle hasenartigen Tiere, die wir als Haustiere halten, sind Kaninchen, egal ob sie ein oder zwölf Kilogramm wiegen. Auch wenn man von einer Häsin spricht oder größere Kaninchen oft als Stallhasen bezeichnet werden, handelt es sich dabei immer um Kaninchen. Hasen gibt es nur in freier Natur als Feldhasen.

Kaninchen mit roten Augen sind lichtsensibel: Die Haltung im Schatten oder in der Wohnung verhindert eine Schädigung des Auges.

Auf das Fell achten

Es gibt einige Rassen mit langen Haaren oder veränderter Fellbeschaffenheit: Am gesündesten und pflegeleichtesten sind Kaninchen mit ganz normalem Fell in allen Farben.

Satin Das schimmernde Fell sieht wunderschön aus, die Satin-Kaninchen leiden jedoch unter einer Erbkrankheit, sehr viele sind von schweren Zahnerkrankungen betroffen.

Rex Das besonders weiche Fell fühlt sich kuschelig an, allerdings haben die meisten Rexkaninchen verkümmerte, verkürzte und gelockte Schnurrbarthaare (Vibrissen): Diese stellen ein Sinnesorgan dar und betroffene Kaninchen sind in ihrer Wahrnehmung eingeschränkt. Außerdem neigen sie zu wunden Läufen, die oft chronische Schmerzen verursachen, und sie können nur in überdachter Außenhaltung leben.

Teddy Teddykaninchen haben langes, nachwachsendes Fell, das intensive Pflege erfordert. Mit Kämmen und etwas Trimmen ist es dabei nicht getan, die Tiere müssen von Verfilzungen befreit und geschoren werden, Kot verfängt sich im Fell und die Augen müssen freigeschnitten werden. Die Pflege ist sehr aufwendig und die meisten Teddykaninchen werden dadurch scheu. Eine Außenhaltung ist nur mit Überdachung möglich.

Angora Auch Angorakaninchen haben langes Fell, im Unterschied zum Teddykaninchen filzen sie jedoch noch intensiver, zum Teil bis auf die Haut. Die dabei entstehenden Filzplatten schränken sie in ihrer Bewegung ein, jeder Schritt tut ihnen weh. Im Vergleich zum Teddykaninchen ist die Pflege noch aufwendiger und es muss alle paar Wochen komplett bis auf die Haut geschoren werden. Dies wird von den Kaninchen schlecht toleriert, sie werden scheu und sind für die Außenhaltung ungeeignet.

Problemzuchten meiden

Auf den ersten Blick sind Schlappohren süß, runde Köpfe niedlich und blaue Augen wunderschön, aber leider leiden die betroffenen Kaninchen unter diesen Züchtungen. Sie gelten als Qualzucht, deshalb sollte man die Zucht solcher Kaninchen nicht unterstützen. Wer sie unbedingt halten möchte, findet im Tierheim sehr viele Kaninchen, die auf ein gutes Zuhause warten.

Widderkaninchen Man erkennt sie gut an ihren Hängeohren, es gibt sie in unterschiedlichen Größen, wobei die kleinen Zwergwidder und die englischen Mini Lop Kaninchen besonders beliebt sind. Die meisten Widderkaninchen entwickeln im Laufe ihres Lebens Ohrenentzündungen, da die abgeknickten und oft verengten Ohren schlecht belüftet werden. Auch eine fünfmal höhere Veranlagung für Zahnerkrankungen wurde in einer Studie nachgewiesen. Ihre Ohren hängen oftmals im Weg, sodass sie anfälliger für Erfrierungen und Bissverletzungen sind.

Runde Köpfe haben viele Zwergrassen, da sie so besonders süß aussehen. Leider neigen sie jedoch zu Zahnerkrankungen, sind anfälliger für Atemgeräusche, Schnarchen und Atemwegserkrankungen, wie zum Beispiel Schnupfen, und haben ein höheres Narkoserisiko. Zuchten, die mit besonders platten Schnauzen werben, sollten daher gemieden werden.

Rote und blaue Augen sind auf einen Gendefekt zurückzuführen. Kaninchen mit roten Augen (Albinos) sind schwer sehbehindert, sodass sie nicht räumlich sehen können und bei Helligkeit so geblendet werden, dass sie kaum etwas erkennen. Zudem sind die weiß behaarten Regionen empfindlich für Sonnenbrand. Sie müssen im Schatten gehalten werden. Blaue Augen (Leuzismus) geht bei einigen Kaninchen mit Taubheit einher.

Gesunde Kaninchen finden

⟶ Die Verlockung ist groß, dass man sich Hals über Kopf in die nächstbesten Kaninchen verliebt, denn mit ihrem flauschigen Fell und ihren großen Augen erobern sie unsere Herzen im Nu. Die Wahl gesunder Kaninchen ist jedoch neben der Haltung und Ernährung das wichtigste Fundament, um lange Freude an glücklichen, gesunden Kaninchen zu haben.

Wo kann ich ein gesundes Kaninchen adoptieren?

Süße Fotos von putzigen Kaninchen vor einem schönen Hintergrund in Kleinanzeigenportalen oder saubere Gehege in Zoohandlungen täuschen häufig darüber hinweg, dass die Kaninchen unter schlechten Bedingungen groß werden. Kaufe nie Kaninchen, bei denen du nicht die Elterntiere und das Gehege, in denen sie groß geworden sind, begutachten kannst. Überzeuge dich selbst davon, dass die Jungtiere in großen Gehegen aufwachsen, und dass sich alle Tiere in einem guten Zustand befinden. Es ergibt keinen Sinn, Abstriche zu machen. Jungtiere, die mit Trockenfutter aufgezogen werden, entwickeln dadurch eine andere Schädelform und Muskulatur, sodass eine spätere Zahnerkrankung wahrscheinlich ist. Werden männliche Jungtiere unkastriert abgegeben, kommt es nicht nur immer wieder zu unerwünschtem Nachwuchs, selbst bei rechtzeitiger Trennung und Kastration ist im Anschluss eine aufwendige Neuvergesellschaftung notwendig, die Anfänger überfordert und die Sozialisierung der Kaninchen behindert. Nur durch eine Frühkastration vor der zwölften Lebenswoche wird diese Trennung verhindert. Auch eine zu frühe Abgabe der Jungtiere kann später viele Probleme nach sich ziehen, da die Jungtiere auf den Blinddarmkot und die Milch der Mutter angewiesen sind, um eine gesunde Darmflora zu entwickeln. Außerdem werden sie in der Gruppe mit Alttieren sozialisiert, sodass es später seltener zu Unverträglichkeiten und Aggressionen kommt.
Mit der Wahl gesunder Kaninchen wird der wichtigste Grundstein für die Kaninchenhaltung gelegt, adoptiert man beispielweise ungeimpfte Kaninchen, so können sie sich beim Ortswechsel mit Viren infizieren und versterben. Viele Kaninchen werden mit Kokzidien vermittelt, die zu schweren Durchfallerkrankungen bis hin zum Tod führen können, und mit dem Kauf von Kaninchen, die nachweislich frei vom Erreger E. Cuniculi (EC) sind, kann man verhindern, dass die Kaninchen später an diesem Erreger erkranken können. Die Checkliste hilft dabei, alle Faktoren, die spätere Erkrankungen auslösen können, auszuschließen.

Kaninchen aus dem Tierheim?

Viele Tierheime sind sehr hochwertige Abgabestellen, da sie gut beraten und die Kaninchen kastriert, vollständig geimpft und komplett tierärztlich durchgecheckt abgeben. Die Schutzgebühr deckt nur einen Bruchteil der

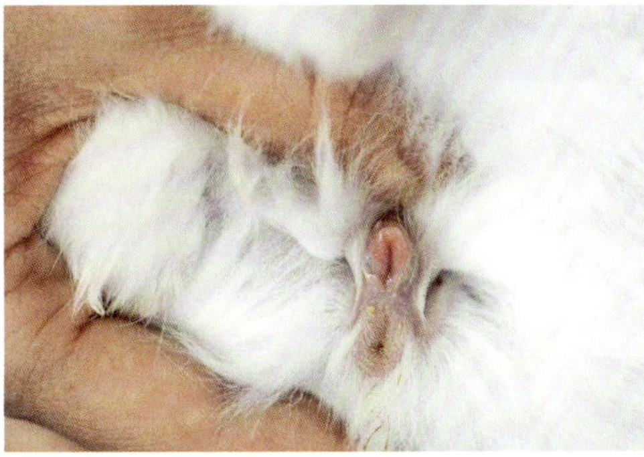

Weibchen haben eine schlitzförmige Öffnung, die sich bis zum After zieht.

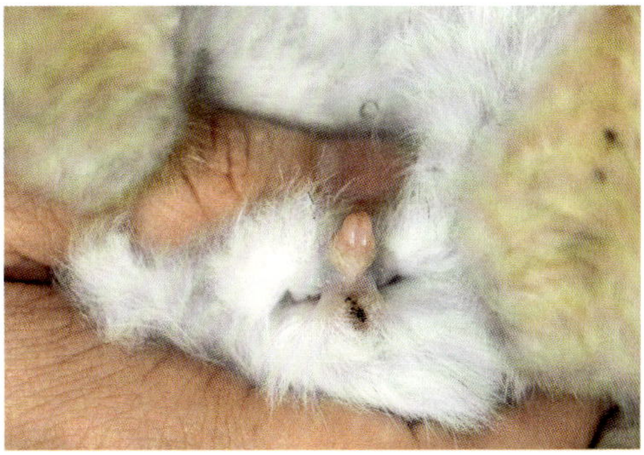

Rammler sind anhand der punktförmigen Öffnung zu erkennen, der Abstand zum After ist größer.

Kosten für diese Aufwendungen ab. Wenn es im größeren Umkreis solch ein Tierheim gibt, kann man dort gesunde Kaninchen adoptieren. Aktuell werden mehr Kaninchen nachgezüchtet, als es gute Plätze gibt, die Tierheime sind oftmals überfüllt. Man findet eine große Auswahl an Rassen und Farben, außerdem gibt es auch reichlich Jungtiere im Tierschutz, die auf ein neues Zuhause warten.

Der kleine Unterschied

Kaninchen werden schon sehr früh geschlechtsreif, ab der 12. Lebenswoche können sie sich fortpflanzen. Fehler bei der Geschlechtsbestimmung können zu unerwünschtem Nachwuchs führen. Es ist zu empfehlen, zwei unabhängige Experten das Geschlecht bestimmen zu lassen, z. B. die Tierpflegerin im Tierheim und die Tierärztin.

Eine gute Abgabestelle

- vermittelt nur geimpfte Kaninchen (RHD1, RHD2, Myxomatose) mit Impfausweis.
- vermittelt nur kastrierte Rammler (Jungtiere mit 8 – 11 Wochen frühkastriert).
- vermittelt nur Kaninchen ohne Darmparasiten (durch Kotproben bestätigt).
- vermittelt nur Kaninchen mit bekannten EC-Status (Blutcheck) bzw. züchten nur mit EC-freien Elterntieren.
- vermittelt nur Jungtiere ab 10 Wochen.
- züchtet keine Kaninchen mit Qualzucht-Merkmalen (Schlappohren, Satin, kurzer Kopf …) gezielt nach.
- steht bei Problemen und Fragen jederzeit auch nach der Vermittlung bereit.
- nimmt die Tiere jederzeit zurück, wenn diese irgendwann abgegeben werden.
- füttert die Kaninchen ausschließlich mit Frischfutter und Heu.
- fragt nach deiner Haltung. Tiere werden nur in artgerechte Haltung abgegeben.
- schließt einen Schutzvertrag zum Wohle des Kaninchens ab.
- berät bei der Vergesellschaftung.
- zeigt dir die gesamte (Zucht-)Anlage und das Muttertier und nicht nur den Wurf oder die einzelnen Kaninchen.
- hält alle Kaninchen in großen Gehegen. Die Gehege sind sauber, gepflegt und abwechslungsreich gestaltet (siehe S. 28 ff.).
- vermittelt gesunde Kaninchen, kranke Tiere werden behandelt (Schnupfen, Durchfall …).
- hat nichts dagegen, dass du das Kaninchen intensiv untersuchst (siehe S. 90 ff.).

für Kids

Kaninchen-Führerschein

Teste dein Wissen

So sind Kaninchen! Sie sind Fluchttiere, leben in Familien zusammen und graben Baue unter der Erde. Und am liebsten essen sie Gräser, Kräuter, Wurzeln und Blätter.

Bist Du ein Kaninchen-Versteher?

1. Wie viele Kaninchen müssen mindestens zusammenleben?
a) Ein Kaninchen ist auch alleine glücklich.
b) Mindestens zu zweit müssen sie sein.
c) Nur zu dritt sind sie glücklich.

2. Was machen Kaninchen in der Nacht?
a) Sie schlafen, wie wir.
b) Sie sind auch nachts wach.
c) Sie machen ihr Gehege sauber.

3. Aus was trinken Kaninchen?
a) Aus einem Napf
b) Aus einer Nippeltränke
c) Aus einem Glas

4. Wann dürfen Kaninchen angehoben werden?
a) Zum kuscheln und mitnehmen
b) Um sie zurück ins Gehege zu bringen.
c) Nur in besonderen Fällen, z. B. wenn sie zum Tierarzt müssen.

5. Warum haben Kaninchen auf dem Arm Angst?
a) Weil sie denken, dass sie nun vom Raubtier erbeutet wurden.
b) Weil sie Höhenangst haben.
c) Weil sie nicht zum Tierarzt möchten.

6. Wer darf Kaninchen hochheben?
a) Nur Erwachsene oder erfahrene Jugendliche
b) Kinder ab dem Schulalter
c) Kinder ab dem Kindergartenalter

7. Was dürfen Kaninchen nicht fressen?
a) Wiesenpflanzen
b) Hartes Brot und Semmeln
c) Kohl

8. Wie nennt man den Schwanz eines Kaninchens?
a) Tulpe
b) Primel
c) Blume

9. Was sind die Löffel beim Kaninchen?
a) Die Vorderbeine
b) Die Hinterbeine
c) Die Ohren

10. Was ist wichtig, damit dein Kaninchen dir vertraut?
a) Ein sauberes Gehege
b) Nicht hinterherlaufen, wenn es wegläuft
c) Saubere Schuhe

Lösung: 1. b) 2. b) 3. a) 4. c) 5. a) 6. a) 7. b) 8. c) 9. c) 10. b)

Kaninchen richtig vergesellschaften

→ Idealerweise ziehen Kaninchen ein, die sich bereits kennen und gut verstehen, am besten zwei gegengeschlechtliche Jungtiere oder ein ausgewachsenes Pärchen oder Dreiergespann. Seriöse Abgabestellen beraten richtig zu den möglichen Kombinationen und geben passende Tiere ab. Ich rate ausdrücklich dazu, solch eine harmonische Gruppe aufzunehmen, statt fremde Kaninchen miteinander zu vergesellschaften.
Dennoch kann es im Laufe des Kaninchenlebens zu Situationen kommen, in denen eine Neuvergesellschaftung nötig wird. Um Kaninchen miteinander bekannt zu machen, müssen spezielle Regeln eingehalten werden. Gruppenvergesellschaftungen mit vier oder mehr Kaninchen gehören in erfahrene Hände und sind in der Regel deutlich anspruchsvoller als die Zusammenführungen von zwei bis drei Kaninchen.

So lernen sich Kaninchen kennen

Es gibt sehr viele verschiedene Techniken, um Kaninchen aneinander zu gewöhnen. Viele dieser Methoden klappen nicht zuverlässig oder sind für die Kaninchen mit viel Stress oder Leid verbunden. Die hier vorgestellte Methode funktioniert bei richtiger Durchführung und der Wahl eines kastrierten Rammlers und einer Häsin so gut wie immer und ist recht risikoarm. Keinesfalls darf ein neues Kaninchen einfach zu dem bereits vorhandenen Tier dazugesetzt werden!

Do!

- Neutralen Ort wählen
- Am späten Vormittag oder mittags die Zusammenführung starten
- Die Kaninchen kämpfen, jagen und springen lassen

Don't

- Fremde Kaninchen in einer Box oder im Auto vergesellschaften
- Kaninchen zwischendurch trennen, z. B. nachts
- Kaninchen am Gitter beschnüffeln lassen
- Das neue Kaninchen in das Revier des alteingesessenen setzen
- Vorschnelle Trennung kämpfender Kaninchen
- Sackgassen, wie z. B. Häuschen mit nur einem Eingang

Gesund und fit

Gesunde Kaninchen vergesellschaften

Eine Vergesellschaftung ist immer mit Stress verbunden, die Kaninchen sollten deshalb gesund und fit sein. Im Zweifelsfall sollten sie vorher zur Untersuchung in eine kaninchenkundige Tierarztpraxis gebracht werden.

Gleicher EC-Status

Die Erkrankung ist unsichtbar, infizierte Kaninchen können jedoch andere anstecken. Vor jeder Vergesellschaftung sollte daher der EC-Status im Blut bei der Tierärztin oder beim Tierarzt überprüft und nur Kaninchen mit gleichem Status vergesellschaftet werden.

Kotproben untersuchen lassen

Um keine Darmparasiten, wie z. B. Kokzidien oder Würmer, einzuschleppen, steht vor jeder Vergesellschaftung eine Untersuchung des Kotes an. Dafür wird drei Tage lang Kot gesammelt, kühl gelagert und beim kaninchenkundigen Tierarzt abgegeben. Durch den Stress der Vergesellschaftung können sich die Darmparasiten sonst vermehren.

Der richtige Ort

Wähle einen Bereich, in dem alle beteiligten Kaninchen noch gar nicht waren. Desinfizieren und umstellen reicht nicht aus, das Kaninchen erkennt den Bereich trotzdem. Gut geeignet sind beispielsweise Badezimmer, Kellerräume, Gartenhäuser, Abstellräume, Küchen, in einer Tierpension oder bei Freunden und Bekannten. Die Fläche sollte nicht zu groß sein, da Kaninchen sonst Reviere bilden, ideal sind drei bis vier Quadratmeter für bis zu drei Kaninchen. Die Kaninchen müssen dort mehrere Tage oder sogar Wochen bleiben können, bis die Zusammenführung abgeschlossen ist.

Was noch zu beachten ist

Sorge für Futter an mehreren Plätzen, unbekannte Unterschlupfe mit mindestens zwei Ausgängen, damit kein Kaninchen in eine Ecke gedrängt werden kann. Verhindere Sackgassen und ermögliche Rundwege, sodass ein Im-Kreis-Jagen möglich ist. Rückzugsorte, wie z. B. eine Schutzhütte, sollten verschlossen werden. Richte mehrere Futterstellen ein. Achte beim Untergrund darauf, dass Kaninchen während der Zusammenführung nicht stubenrein sind, aber guten Halt brauchen (Teppichboden, fixierte Teppiche, Wiese, Steinplatten), rutschiger Boden ist ungeeignet.

Intensives Jagen dient der Rangordnungsklärung und ist völlig normal.

Die Kaninchen springen bei der Vergesellschaftung auch gerne in die Luft.

Ein feines Näschen

Der Gruppengeruch sorgt dafür, dass neue Kaninchen vertraut wirken. Es kann helfen, die Kaninchen vor der Zusammenführung mit der Toilettenstreu der anderen einzureiben. Auch Pheromone für Kaninchen können hilfreich sein.

Kommen sich die Kaninchen näher, kann man ihre Bindung stärken, indem man sie streichelt. Die Kaninchen verbinden das positive Gefühl der Zuneigung mit dem neuen Partnertier.

So klappt es

Die Kaninchen müssen zeitgleich in das Vergesellschaftungsgehege gesetzt werden. Dabei kommt es nicht auf die Sekunden an, aber keines der Kaninchen sollte vorher das Gehege erkunden können.

Was ist normal?

Die Vergesellschaftung kann je nach Charakter der Kaninchen sehr unterschiedlich ablaufen. Normale Verhaltensweisen sind dabei das gegenseitige Beschnüffeln, um Kontakt aufzubauen. Oft jagen sie ausdauernd hintereinander her und reißen sich dabei Fell aus. Keine Angst, das Fell sitzt durch den Stress sehr locker, das Rupfen verursacht keine Schmerzen.

Um die Rangordnung zu klären, springen Kaninchen oft hoch in die Luft aufeinander zu und umkreisen sich. Auch das Berammeln gehört zum Kennenlernen neuer Kaninchen dazu. Sind die Kaninchen erschöpft, liegen sie oft getrennt voneinander, bevor es weitergeht. Um sich zu unterwerfen, wird das Köpfchen geduckt auf den Boden gepresst oder unter das Köpfchen des Partners geschoben, um ihn zum Schlecken des Köpfchens aufzufordern. Mit der Zeit wird der Abstand zwischen den Kaninchen kleiner und die wilden Jagereien und Sprünge ebben etwas ab. Bereits nach ein paar Tagen fressen sie oft gemeinsam miteinander.

Umzug ins alte Revier

Wenn die Kaninchen sich nicht mehr jagen, sollte man noch zwei bis drei Tage warten, dann können sie ins alte Revier umziehen. Achte dort drauf, dass es keine Sackgassen gibt, und stelle die Einrichtung etwas um. Eine Desinfektion ist jedoch nicht nötig! Es kann sein, dass sich die Kaninchen nach dem Umzug noch einmal ein paar Runden jagen, das hört jedoch in der Regel sehr schnell auf und ist harmlos. Sollten sie wieder kämpfen, müssen sie zurück ins neutrale Gebiet ziehen, dann war es zu früh!

Beim Jagen kann es zum Auszupfen von Fell kommen, das bei Stress besonders locker sitzt.

Die Kämpfe sehen von außen schlimmer aus, als sie für die Kaninchen sind – Verletzungen sind extrem selten.

Wann muss ich eingreifen?

Ineinander verkeilen und größere Verletzungen

Beißen sich Kaninchen am Boden liegend ineinander fest, kommt es schnell zu Wunden. Um diese zu verhindern, sollte man bei solch einem Verhalten mit einer dicken Decke dazwischengehen und das Verhalten unterbrechen. Es kann bei manchen Kaninchen zwei- oder dreimal vorkommen, bevor es abebbt. Unverträgliche Rammler verbeißen sich urplötzlich nach Tagen, obwohl sie zuvor schon beste Freunde waren, in solchen Fällen müssen die Kaninchen mit Weibchen gehalten werden. Oberflächliche Schürfwunden und Kratzer sind kein Grund, sich Gedanken zu machen, sollte es jedoch zu tiefen Wunden kommen, so kann es notwendig sein, diese tierärztlich zu versorgen.

Ein Kaninchen gibt sich auf

Sitzt ein Kaninchen zusammengekauert in der Ecke, reagiert nicht auf Bisse oder andere Umweltreize und frisst nicht mehr, ist es wichtig, dieses Kaninchen wieder ins Geschehen zu bringen. Für zahme Kaninchen ist auch der Mensch eine Stütze und kann helfen, neuen Mut zu entwickeln. Manchen Kaninchen hilft es, wenn sie an eine andere Stelle im Gehege gesetzt werden. Sind alle Maßnahmen erfolglos, kann es sein, dass das Kaninchen durch eine schlechte Sozialisierung überfordert ist und man sich Rat von Expertinnen und Experten einholen muss.

Chronische Beißer

Das leichte Zwicken ins Fell oder kleinere Bisse gehören zum normalen Verhaltensrepertoire der Kaninchen dazu. Es gibt jedoch Kaninchen, die sich als chronische Beißer entpuppen. Auch bei solchen Fällen ist Expertenrat gefragt!

Revierbildung

Manche Kaninchen neigen dazu, sehr schnell Reviere zu bilden und zum Beispiel einen Teil des Vergesellschaftungsgeheges oder die Toilettenwanne zu verteidigen. Revierverhalten kann man feststellen, wenn Kaninchen beim Übertreten der magischen Grenze verjagt oder nicht mehr in die Toilette gelassen werden. Toilettenwannen muss man in diesen Fällen umstellen oder gegen eine sehr flache Wanne (z. B. Abtropfwannen für Schuhe oder alte Backbleche) ersetzen. Bei der Revierbildung im Gehege hilft es, die Einrichtung umzustellen und im schlimmsten Fall das Gehege so zu teilen, dass die Vergesellschaftung nur im Vergesellschaftungsrevier des unterlegenen Kaninchens stattfindet.

Revier verkleinern

Ein kleines Vergesellschaftungsgehege hilft, eine Revierbildung zu verhindern. Die Größe des Vergesellschaftungsgeheges sollte verkleinert werden, wenn sich die Kaninchen eher aus dem Weg gehen oder alles ruhiger verläuft. Bei turbulenten Kämpfen ist hingegen viel Platz von Vorteil.

> Bei der Vergesellschaftung umkreisen und beschnüffeln sich die Kaninchen.

∨ Das Berammeln dient der Rangordnungsklärung, das ranghöhere Kaninchen reitet auf das randniedere auf.

Mit der Kinndrüse werden Gegenstände mit dem eigenen Geruch markiert.

Wichtig

Es gibt keine unverträglichen Kaninchen! Unverträglichkeiten sind auf andere Gründe zurückzuführen, z. B. eine ungeeignete Vergesellschaftungstechnik, vorschneller Abbruch der Vergesellschaftung oder aggressives Verhalten durch chronische Erkrankungen, die Schmerzen verursachen. Kommt es zu solchen scheinbaren Unverträglichkeiten, sollte man sich Hilfe bei einer erfahrenen Person holen.

Fressen die Kaninchen gemeinsam und jagen sich nicht mehr, ist die Vergesellschaftung fast abgeschlossen.

Lebensraum

für Kaninchen

Die Haltung im Garten

⟶ Der Platzbedarf von Kaninchen wird häufig unterschätzt, handelsübliche Ställe und Käfige sind für die Unterbringung ungeeignet. Ein großes Außengehege ist für Kaninchen ein Traum, aber auch in einer kleinen Wohnung oder auf dem Balkon lässt sich ein Paradies für die Kleinen zaubern. Eine Haltung in einem gut geplanten Außengehege ist für Kaninchen die artgerechteste Form der Unterbringung. Wer dazu die Möglichkeit hat, sollte sich für diese Haltungsform entscheiden.

Eine gut geplante Außenhaltung im großen, mardersicheren Gehege ist auch im Winter möglich.

Temperaturwechsel

Als Höhlenbewohner haben Kaninchen in der Natur immer einen frostfreien Rückzugsbereich, der sie vor extremen Wetterlagen schützt. Das führt dazu, dass sie große Temperaturschwankungen nicht gut verkraften. Beispielsweise sollte man sie im Winter nicht einfach in die Wohnung nehmen, da sie dann unter Hitzestress leiden und beim Zurücksetzen frieren. Wohnungskaninchen sind an die Innentemperatur gewöhnt, und wenn man sie nach draußen umsiedeln möchte, klappt das am besten im Frühjahr in einem Außengehege mit Überdachung, Schutzhütte und Schutz an der Wetterseite vor Regen und Zugluft. Auch im Winter ist eine schrittweise Umgewöhnung durch einen künstlichen Herbst möglich: Man lässt sie in einem ungeheizten Raum, lüftet viel und siedelt sie in einer möglichst milden Periode nach draußen um. In diesem Fall sollte das Gehege sehr wettergeschützt gebaut werden.

Kaninchen überwintern

Kaninchen vertragen Frost und Kälte sehr viel besser als Hitze. In einem artgerechten Gartengehege können sie sommers wie winters leben. Man sollte sich jedoch bewusst sein, dass die Winteraußenhaltung mit viel Aufwand verbunden ist und die tägliche Beobachtungszeit, um Krankheiten rechtzeitig zu erkennen, das Reinigen und Überstreuen nasser Streu sowie eine hochwertige Frischfutterernährung, wenn es bei Minustemperaturen gefriert, Zeit

Schnee und Kälte machen Kaninchen deutlich weniger aus als die Hitze im Sommer.

Viele Kaninchen spielen gern im Schnee. Ist das Gehege überdacht, kann man ihnen eine Schneekiste anbieten.

erfordern. Viele Halter sind sich vorher nicht bewusst, dass sie bei dieser Haltungsform etwa eine Stunde täglich draußen verbringen müssen, auch bei Frost und Schnee.
Auch das Gehege sollte für die Außenhaltung gewisse Ansprüche erfüllen. Neben einer großen Grundfläche sind kuschelige, eingestreute Bereiche, eine hochwertige Schutzhütte und vor allem Wetterschutz von oben und von den Seiten wichtig, damit die Kaninchen gesund bleiben. Kaninchen sind bei dieser Haltungsform jedoch sehr robust und dürfen gerne im Schnee hoppeln und ganzjährig bei jedem Wetter in den Freilauf.

Wasser und Futter

Bei Frost erfordert die Versorgung etwas mehr Aufwand, da die Wassernäpfe zweimal täglich gegen frostfreie Näpfe ausgetauscht werden müssen. Stellt man die Näpfe auf die Einstreu in die Schutzhütte, bleiben sie länger frostfrei. Verfügt das Gehege über einen Stromanschluss, kann man einen beheizbaren Napf verwenden. Salat wird von Kaninchen nicht mehr gefressen, wenn er gefriert. Blättrige Kohlsorten sind im Winter ein ideales Futter und werden auch gefroren aufgenommen. Bittersalate, Kräuter, Gemüsegrün, das schnell gefriert, sollte man immer in so kleinen Mengen geben, dass es schnell gefressen wird. Damit die Kaninchen trotzdem gut versorgt sind, haben sich häufigere Fütterungen bewährt. In der Schutzhütte ist das Futter besser vor Minusgraden geschützt. Heu gefriert wegen des geringen Wassergehaltes nicht.

Do!

Kranke Kaninchen

Kaninchen können zwar ganzjährig draußen leben, dennoch braucht man die Möglichkeit, ein erkranktes Kaninchen ins Haus zu holen. Alternativ geht auch ein Gartenhaus am Gehege mit Stromversorgung, um eine Wärmemöglichkeit einzurichten.

Das Gehege planen

Lieber bauen oder kaufen?

Die im Handel erhältlichen Ställe sind meist aus sehr dünnem Material, das weder vor Wetter noch vor Raubtieren schützt. Mit etwas mehr Aufwand kann man sie jedoch entsprechend aufwerten. Da man Kaninchen nicht in Ställen halten kann, auch nicht nachts, braucht man ein mardersicheres Gehege, das von den Kaninchen direkt vom Stall aus betreten werden kann. Solche Gehege in geeigneter Größe sind aktuell im Handel noch selten, man kann jedoch einzelne Modelle über das Internet finden oder einen Volierenbauer beauftragen. Wer die Möglichkeit dazu hat, sollte das Gehege selbst bauen, ein solches Gehege hält oft ein Kaninchenleben lang und ist wesentlich günstiger.

Mein Tipp

Denke beim Bau immer auch daran, dass das Gehege im Alltag leicht zugänglich und pflegeleicht ist. Es lohnt sich nicht, beim Bau zu sparen, wenn man dadurch später Rückenschmerzen bekommt oder bei jedem Handgriff ins Gehege kriechen muss. Ideal sind begehbare Gehege mit befestigtem Untergrund und Schutzhütten mit herausnehmbarer Plastikwanne.

Wie viel Platz brauchen Kaninchen?

Das absolute Mindestmaß für zwei Kaninchen beträgt sechs Quadratmeter Grundfläche. Möchte man mehr Kaninchen halten, sind je Kaninchen zusätzlich 1,2 m^2 einzurechnen. Diese Mindestmaße dürfen nicht unterschritten werden, aber natürlich freuen sich Kaninchen, wenn sie mehr Platz bekommen! Ich empfehle immer, lieber etwas mehr Platz einzurechnen. Gerade wenn die Kaninchen keinen zusätzlichen Tagfreilauf bekommen, sind 10 – 15 m^2 für das feste Gehege besser geeignet.

Raus aus dem Stall

Es sollte nie der Fehler gemacht werden, die Kaninchen nachts in einem Stall einzusperren, denn Kaninchen sind wechselaktiv, d. h. sie schlafen nachts nicht durch. Im Winter ist es wichtig, dass sich Kaninchen auch nachts bewegen können, damit sie fit und gesund bleiben. Wir kennen das von Kindern, denen warm ist, wenn sie einen Schneemann bauen. Würden sie nur herumsitzen, wäre es schnell zu kalt. Eine Schutzhütte darf in keinem Gehege fehlen, sie schützt Kaninchen vor Schnee, Regen und Kälte.

Eine Haltung im Kaninchenstall ist nicht mehr zeitgemäß. Hier sind Stall und überdachter Bereich durch Röhren und Rampen verbunden, sodass sich die Kaninchen jederzeit frei bewegen können.

Erfahrene Halter bevorzugen meistens Garten- oder Kinderspielhäuser als Schutzhütte, sie sind langlebig, stabil, mardersicher, begehbar und wegen ihrer Größe, der Langlebigkeit und dem eingesparten Material bei der Gehegegröße auch sehr viel günstiger als handelsübliche Kaninchenställe.
Für eine ausreichende Luftzirkulation werden im oberen Bereich der Schutzhütte Luftlöcher gebohrt, diese dürfen nicht auf zwei gegenüberliegenden Seiten (und nicht an der Wetterseite) angebracht werden, um Zugluft zu vermeiden. Wichtig ist, dass sie absolut wind- und regenfest ist. Die Grundfläche von mind. 100 x 50 cm ist für zwei Zwergkaninchen ausreichend. Bei größeren Gruppen oder großen Rassen ist eine entsprechend größere Grundfläche notwendig.

Kniehoch oder begehbar?

Es gibt drei verschiedene Gehegetypen: Bodengehege sind etwa einen Meter hoch und verfügen über ein aufklappbares Dach, sodass man sie gut reinigen kann. Sie sind ideal in Mietgärten, aber schwerer zu reinigen.
Begehbare Gehege sind so hoch, dass man sie betreten kann, dadurch kann man sie einfacher pflegen. Erfahrene Halter bevorzugen diese Gehege, allerdings sind sie teurer und teils genehmigungspflichtig.
Pyramidengehege sind pyramidenförmig, d. h. in der Mitte betretbar und seitlich niedrig. Dadurch sind sie günstiger als komplett begehbare Gehege und einfacher zu bauen.

Genehmigung?

Für sehr große Gehege braucht man eine Baugenehmigung. Die Rechtslage ist in jedem Bundesland anders und kann beim Bauamt erfragt werden. Auch Abstände zum Nachbarn müssen eingehalten werden.

Standort

Kaninchen richten ihren Tagesablauf nach der Sonne und nehmen gerne Sonnenbäder. Um sie bei Hitze zu schützen, sind zudem schattige Bereiche unter Büschen und Bäumen wichtig. Am besten wählt man einen Standort, der vom Haus aus gut einsehbar ist.

Das solltest du beim Bau beachten

⟶ Das Gehege muss an allen Seiten (Seitenwände, Deckel und Boden) absolut mardersicher aus festem Material gebaut werden.

Volierendraht Damit kein Raubtier ins Gehege kommt, sollte ein punktverschweißter, verzinkter Volierendraht mit mind. 1 mm Stärke und 12 x 12 mm Maschenweite oder 1,3 mm Stärke und bis zu 19 x 19 mm Maschenweite verwendet werden. Ummantelte Drähte, Netze oder Sechseckdraht sind nicht sicher. Auch unverbiegbares Gitter bis 3 cm Gitterabstand wäre geeignet.

Drahtbefestigung Krampen oder Schrauben mit Unterlegscheiben sind sehr gut geeignet. Tackerklammern lösen sich oft mit der Zeit und müssen häufig kontrolliert werden.

Fliegenschutz Ein Fliegengitter kann zusätzlich zum Volierendraht angebracht werden, um Kaninchen vor Infektionserkrankungen und Maden zu schützen. Beides wird durch Insekten übertragen.

Sturm Das Gehege sollte mit Einschlaghülsen in der Erde verankert werden oder über ein Fundament verfügen, an dem es befestigt wird, damit es bei Sturm nicht wegfliegt.

Dachgefälle Damit das Gehege nicht unter der Schneelast im Winter zusammenbricht und Regenwasser gut ablaufen kann, ist ein Dachgefälle zu empfehlen.

Türen Sollte das Gehege von der Straße aus sichtbar sein, ist es sinnvoll, die Türen mit Schlössern zu sichern, da Kaninchen immer wieder entwendet werden.

Holz und Eisen Nur ausreichend dickes Holz oder Material ist sicher. Lass dich im Baumarkt zu den unterschiedlichen Hölzern und ihren Eigenschaften beraten. Dachlatten sind als bezahlbare Konstruktion für eine Voliere sehr gut geeignet.

Verfaulen Holz verfault sehr schnell, wenn es Bodenkontakt hat. Deshalb sollte es mit Abstand zum Boden gebaut werden, z. B. indem es auf ein Fundament gesetzt oder das Holz mit Einschlagbodenhülsen geschützt wird. Auch eine Überdachung schützt das Holz. Halbjährliche Kontrollen helfen, Schwachstellen frühzeitig zu erkennen und zu beheben.

Überdachung Um eine Teilüberdachung kommt man in der Kaninchenhaltung nicht herum, idealerweise überdacht man den Großteil des Geheges oder sogar das komplette Gehege. Das ist nicht nur für die Kaninchen gesünder, auch die Reinigung wird erleichtert.

Wetterschutz Die Seiten kann man mit stabilem Holz, Wellplatten, Acrylglas oder Planen vor Wetter schützen. Am besten baut man es so, dass man im Sommer eine zusätzliche Seite öffnen kann, sodass sich das Gehege in der Sonne nicht aufheizt.

> Neben dem festen Nachtgehege wird hier der Tagfreilauf ermöglicht, damit die Kaninchen grasen und toben können.

∨ Blick vom Nachtgehege in den Tagfreilauf: Dieser wurde mit Volierendraht und Pfosten umzäunt.

Das begehbare Gehege besteht aus einem Gartenhaus mit Volierenvorbau, damit sich die Hitze nicht staut.

Ein Paradies für Kaninchen: Ein Gartenhaus mit einer überdachten Voliere und einem sehr großzügigen Außenbereich.

> Betonplatten sind ein hygienischer Untergrund, zum Knabbern dienen Holzstümpfe und Zweige.

∨ Der Futterplatz spielt eine zentrale Rolle bei der Einrichtung des Geheges.

∧ Holzhackschnitzel verhindern Matsch und Schlamm im Außengehege.

< Ein verschließbarer Eingang zum Tagesfreilauf ist sinnvoll. Geöffnet können die Tiere rein und raus.

Elektrokabel Sie können angenagt werden und müssen unbedingt gesichert werden (siehe S. 50).

Sichtschutz Wenn sich Kaninchen erschrecken, rennen sie kopflos umher und können dabei ins Gitter laufen. Damit sie die Volierenwände in diesen Momenten besser sehen und sich geschützter fühlen, kann man entlang der Seitenwände ein Brett anbringen.

Unterbuddelschutz Wiese im festen Gehege klingt zwar idyllisch, verwandelt sich jedoch schnell in eine unhygienische Matschwüste. Wer es trotzdem versuchen möchte, muss unter der Erde mit Volierendraht einen Unterbuddelschutz anlegen. Bei großen Gehegen kann man auch entlang der Gehegeränder den Zaun einen Meter tief in die Erde einlassen, allerdings muss man bei dieser Sicherungsform täglich die Buddellöcher entlang der Ränder verschließen. Am besten wählt man Gehwegplatten, die versiegelt werden. Sie sind hygienisch und pflegeleicht. Über den Platten kann man Bereiche mit Holzhackschnitzel oder schimmelfreien Rindenmulch einstreuen (Achtung: ohne Eibe!), in überdachten Bereichen ist auch normale Einstreu oder Stroh geeignet. Damit die Kaninchen trotzdem grasen können, eignet sich ein zusätzlicher Wiesenauslauf, in den die Tiere tagsüber dürfen (siehe S. 38 ff.).

Buddelbereich Damit die Kaninchen buddeln können, eignet sich ein etwa ein Quadratmeter großer Erd- oder Sandhaufen in einer Ecke des Geheges. Natürlich kann man auch eine Kiste befüllen. Noch besser ist es, einen Bereich auszuheben, mit Volierendraht oder Platten zu sichern und wieder aufzufüllen. Auch eine eingegrabene Mörtelwanne eignet sich als Buddelkiste, wenn das Regenwasser durch in den Boden der Wanne gebohrte Löcher ablaufen kann. Der Sand bzw. die Erde muss alle paar Wochen ausgetauscht werden.

Kontrollen Auch wenn man gute Materialien verwendet, sollte man das Gehege regelmäßig überprüfen, um mögliche Schwachstellen frühzeitig ausbessern zu können.

Bepflanzung Eine Bepflanzung des Geheges bietet Schatten für die hitzesensiblen Tiere und sorgt dafür, dass sich das Gehege optisch schön in den Garten einfügt. Kaninchen fressen Bepflanzungen in wenigen Wochen auf, deshalb müssen die Pflanzen erhöht aufgestellt, im unteren Bereich mit Volierendraht oder einer Umzäunung geschützt oder außerhalb des Geheges angepflanzt werden. Zum Beranken des Geheges eignen sich wilder Wein, Kulturwein mit Trauben, Knöterich, Efeu, Kapuzinerkresse (einjährig) und Kletterrosen. Kleinere fressbare Büsche oder Bäume sind gute Schattenspender. Man kann auch schnell wachsende Büsche wie Weide oder Haselnuss in das Gehege pflanzen und im oberen Bereich regelmäßig Äste für die Fütterung abschneiden. Bambus bleibt auch im Winter grün und kann als Winterfutter angeboten werden.

Eine Beschattung kann mit kleineren Büschen ermöglicht werden.

Auslauf ist Lebensqualität

⟶ Auch wenn das feste, mardersichere Gehege die Basis für eine gute Kaninchenhaltung ist, kann man den Kaninchen mehr Lebensqualität ermöglichen, wenn sie tagsüber einen zusätzlichen Wiesenauslauf nutzen können. Wichtig ist dabei, dass dieser an das feste Gehege angrenzt, da Kaninchen nicht herumgetragen werden wollen. Ist dies nicht möglich, kann man einen Tunnel als Verbindung bauen oder sie so gut an die Transportbox gewöhnen, dass sie damit stressfrei zum Freilauf getragen werden können.

Erste Ausflüge im Frühling

Das erste Gras im Frühling ist sehr eiweißreich, sodass Kaninchen langsam daran gewöhnt werden müssen. Am besten füttert man es über ein paar Tage in kleinen Mengen an, bevor die Kaninchen auf die Wiese dürfen. Sind die Kaninchen das ganze Jahr auf der Wiese, gewöhnen sie sich automatisch daran, wenn das Gras im Frühling sprießt.

So wird er gebaut

Umzäunung Als Tagfreilauf gibt es verschiedene Gehege zur Auswahl. Versetzbare Gehege mit festem Deckel sind sicherer, aber oft recht klein, sodass man mehrere miteinander verbinden sollte, damit die Kaninchen Platz zum Toben haben. Alternativ kann man einen Zaun aufstellen. Im Zoohandel findet man Kleintiergitter oder Welpenausläufe, diese sind kombinierbar, d.h. wenn man mehrere Sets kauft, kann man einen langen Zaun auf-

Ein zusätzlicher Tagfreilauf auf der Wiese bietet Kaninchen mehr Lebensqualität.

Kaninchen bewegen sich intensiver als im Nachtgehege, sodass Übergewicht verhindert wird.

Hier dürfen sie ihr Buddelbedürfnis ausleben. Man sollte die Löcher wieder verschließen oder einen Buddelschutz einziehen, damit die Gänge nicht zu tief werden.

stellen, sodass genug Wiese abgezäunt werden kann. Teichzäune, Staketenzäune oder Volierendraht, der mit Pfeilern befestigt wird, können ebenfalls zweckentfremdet werden. Natürlich sind auch selbst gebaute Holzrahmen aus Dachlatten mit Kaninchendraht bezogen als Umzäunung möglich.

Höhe der Umzäunung Damit der Zaun nicht übersprungen wird, sollte er etwa 80 Zentimeter bis ein Meter hoch sein, bei sprungfreudigen Kaninchen ist ein 1,20 Meter hoher Zaun erforderlich.

Größe des Tagfreilaufs Der Freilauf sollte zumindest die Mindestmaße vom Nachtgehege haben (siehe S. 32), idealerweise wird er deutlich größer angelegt. Ab etwa zehn Quadratmetern Fläche können Kaninchen sprinten und Haken schlagen.

Wind und Wetter Kaninchen können bei jedem Wetter den Freilauf nutzen. Sie buddeln gerne im Schnee oder grasen bei Regen. Gesunde Kaninchen stellen sich rechtzeitig unter. Macht man die Beobachtung, dass ein Kaninchen bis auf die Haut durchweicht, sollte man es beim kaninchenkundigen Tierarzt durchchecken lassen.

Buddelschutz Gerade erdige Stellen, an denen die Grasnarbe nicht intakt ist, laden Kaninchen zum Buddeln ein. Besonders buddelfreudige Kaninchen graben tiefe Gangsysteme, hitzige Kaninchenweibchen legen zudem Satzröhren an, in denen sie in der Natur ihre Jungtiere zur Welt bringen würden. Als Faustregel kann man sich merken, dass jeder Gang verschlossen werden sollte, der länger als der eigene Arm ist, sodass man das Ende nicht mehr spürt. Zum einen passieren immer wieder Unfälle, bei denen Kaninchen verschüttet werden, zum anderen entziehen sich Kaninchen in ihren Gängen dem abendlichen Einsperren ins Nachtgehege oder ziehen sich bei Erkrankungen in diese zurück. Viele Halter mussten daraufhin schon bis spät in die Nacht den ganzen Garten umgraben. Damit sich die Kaninchen nicht aus dem Taggehege herausbuddeln, kann man von außen entlang der Ränder ein Gitter legen und es mit Steinen beschweren. Nach kurzer Zeit wächst es ein. Zudem ist es möglich, unter der Grasnarbe Kaninchendraht oder Gitter zu verlegen, sodass die Kaninchen sich nicht ausbuddeln können. Versetzbare Ausläufe sind schwieriger zu sichern, hier eignet sich nur ein stabiles Gitter, das am Rand entlang mit Steinen umfasst wird.

Ein Highlight der Kaninchenhaltung ist es, die vielfältigen Verhaltensweisen zu beobachten – im Gartenfreilauf ist das besonders intensiv möglich.

Gartenfreilauf

Eine wunderschöne Form der Kaninchenhaltung ist der Tagfreilauf im kompletten Garten. Voraussetzung ist ein stabiler Zaun. Sind die Lattenabstände zu groß, kann man Kaninchendraht rundherum mit Draht oder Kabelbindern anbringen. Legt man den Kaninchendraht L-förmig entlang des Gartenzauns, so kann man das Buddeln direkt am Zaun verhindern. Der Kaninchendraht sollte beschwert werden, im Wiesenbereich wächst er recht schnell ein. Um die Kaninchen an das abendliche Einsperren zu gewöhnen, hilft es, sie erst in einen überschaubaren Auslauf zu lassen und an ein Geräusch (z. B. klappern, Zunge schnalzen) zu gewöhnen, das man bei der abendlichen Fütterung im Gehege als Lockruf einsetzt. Nach kurzer Zeit sitzen die Kaninchen nach diesem Laut bereits im Gehege und warten auf die Fütterung.

Mein Tipp

Kaninchen einfach im Garten laufen zu lassen, ist noch kein geeigneter Gartenfreilauf – neben der Sicherung des Gartens und dem verlässlichen abendlichen Einsperren erfordert dies eine intensive Beobachtung und Kontrolle der Tiere.

Gefahren	
Hunde	Ein hoher Gartenzaun schützt vor Hunden. Kaninchen können den Schocktod erleiden, wenn ein Hund um einen Auslauf herumjagt.
Katzen	Die meisten Katzen sind für Kaninchen ungefährlich, es gibt jedoch einzelne, die sie jagen und erbeuten möchten. Am Anfang sollten die Nachbarskatzen beobachtet werden, wie sie sich den Kaninchen gegenüber verhalten. Oft jagen auch die Kaninchen die Katzen weg.
Greifvögel	Besonders der Milan und der Habicht können eine Gefahr auch für ausgewachsene Kaninchen darstellen. Wenn man diese in der näheren Umgebung hat, sollte ein Netz über das Gehege gespannt werden. Damit es nicht durchhängt, kann man es zeltartig über einen Pfosten in der Mitte des Geheges spannen. Alle anderen kleineren Greifvögel sind ungefährlich, wobei Jungtiere grundsätzlich mit Netzen geschützt werden sollten.
Fuchs und Marder	Normalerweise sind diese Raubtiere nachtaktiv, aber auch in der Dämmerung gehen sie auf Streifzug. Deshalb sollten Kaninchen bereits vor der Dämmerung ins Nachtgehege gesperrt werden.
Hitzschlag	Kaninchen sind sehr hitzeempfindlich und erleiden schnell einen Hitzschlag. Um sie zu schützen, sind großzügige schattige Bereiche unter Büschen und Bäumen ideal. Sonnensegel und Sonnenschirme können ebenfalls hilfreich sein.

Die Haltung auf dem Balkon

⟶ Die Balkonhaltung ist eine besondere Form der Außenhaltung, im Prinzip funktioniert sie jedoch genauso wie die Haltung im Garten. Es braucht eine stabile Schutzhütte als Witterungsschutz, überdachte Bereiche und vor allem ein sicheres Gehege!

Bodenschutz

Als Untergrund kann man zum Schutz des Balkonbodens einen angerauten PVC-Bodenbelag auslegen, die Ränder müssen allerdings vor dem Annagen geschützt und an der Hauswand leicht hochgeklappt werden, damit kein Urin drunterläuft. Im überdachten Bereich kann man den Boden wie in der Innenhaltung (siehe S. 48) gestalten.

Schutz vor Raubtieren

Marder klettern auch in obere Stockwerke, z. B. indem sie die raue Hauswand hochklettern, vom Nachbarhaus oder einem Baum aus springen oder am Fallrohr entlangkraxeln. Wenn man das Geländer absichert, kann man Rahmen an der Hauswand befestigen, mit denen man den Balkon abdecken kann, sodass er auch nach oben geschützt ist. Möchte man den Balkon begehen, kann man die Rahmen an die Hauswand klappen. Außerdem sind auch Bodengehege, wie wir sie von der Außenhaltung kennen, denkbar. Bestehen keinerlei Klettermöglichkeiten für Marder, kann ab dem dritten Stock auch eine nach oben offene Haltung möglich sein. Viele Halter bringen bei dieser Haltung ein Netz als Greifvogelschutz an, dieses muss von der Vermieterin oder dem Vermieter genehmigt werden.

Achtung, Absturzgefahr!

Kaninchen schlüpfen in kleine Spalten und springen sehr hoch! Damit die Balkonbrüstung nicht übersprungen wird, muss sie mindestens 1,20 m hoch sein. Häuschendächer oder auch die Schutzhütte dienen als Sprunghilfe und sollten daher nicht am Rand aufgestellt werden. Jeder Spalt und jede Lücke müssen abgesichert werden, z. B. indem man einen Zaun entlang des Geländers anbringt oder mit einem Holzstamm den Spalt zwischen Brüstung und Geländer verschließt. So verhindert man auch, dass Heu und Einstreu herunterfällt.

Platzbedarf und Auslauf in der Wohnung

Auch auf dem Balkon ist es wichtig, dass die Mindestmaße eingehalten werden (siehe S. 32), der Balkon sollte zumindest sechs Quadratmeter messen, damit die Kaninchen sommers wie winters fit und gesund bleiben. Zusätzlich können die Kaninchen Auslauf in der Wohnung erhalten (siehe S. 49 f.). Wenn sie jederzeit durch eine Katzenklappe oder angelehnte Türe zurück in die gewohnte Temperatur können, dürfen sie auch im Winter in der Wohnung toben.

Don't

Ein Südbalkon erhitzt sich im Sommer zu sehr, sodass er für eine Balkonhaltung ungeeignet ist. Auch schlecht belüftete Balkone sind ungeeignet, wenn sich die Hitze staut.

‹ Mit Häuschen, Tunneln, Buddelkiste und erhöhten Sitzplätzen kann man einen Balkon artgerecht einrichten.

˅ Im überdachten Bereich sind Toiletten mit Futterraufe möglich.

Besonders von Frühling bis Herbst muss auf schattige, luftige Bereiche geachtet werden.

Frische Pflanzen und Sandkisten bringen Natur und Beschäftigung auf den Balkon.

Kaninchen-baum

selber bauen

Do!

Kaninchen haben gerne den Überblick: erhöhte Sitzplätze sollten in keinem Gehege fehlen.

Das brauchst du:

Aus dem Baumarkt:

1. 4 stabile Holzscheiben (ca. 4 – 5 cm, Durchmesser: ca. 35 – 40 cm)
2. 6 Stämme (Durchmesser: ca. 7 – 9 cm)
3. 6 Holzbretter und 2 Kanthölzer für die Bodenplatte
4. normale und sehr lange Schrauben
5. optional: Spielzeuglack (DIN EN 71-3)

Außerdem:

6. Schleifmaschine und Schleifpapier
7. Bohrer, Akkuschrauber, Säge
8. Maßstab und Bleistift zum Anzeichnen

So wirds gemacht:

Es werden drei Personen benötigt.

Bodenplatte Sie besteht aus einer einfachen Konstruktion. Die Bretter werden auf eine Länge von ca. 1 m gekürzt. Danach werden sie abgeschliffen und nebeneinandergelegt. Die Kanthölzer werden am Rand links und rechts unter alle Bretter gelegt und mit normalen Schrauben Brett für Brett festgeschraubt.

Vorbereitung Die Stämme werden mit der Tischsäge an einer Seite gerade abgeschnitten. Die Baumscheiben werden abgeschliffen.

Aufbau Mithilfe einer dritten Person wird der Baum nun so zusammengehalten, wie er später aussehen soll. Dabei können auch die Stämme auf das gewünschte Maß gekürzt werden. Wichtig ist, dass die Abstände nicht zu groß sind, damit die Kaninchen nicht zu weit springen müssen.

Befestigung Auf der Bodenplatte wird nun markiert, wo die Bohrungen gesetzt werden. Während eine Person einen Stamm hält, bohrt die andere von unten durch die Bodenplatte vor und schraubt eine der langen Schrauben fest. Dieser Schritt wird wiederholt, bis alles stabil steht. Die Holzscheiben werden auf die gleiche Art und Weise angebracht. Auf eine der Scheiben wird ein kürzerer Stamm befestigt und darauf die obere Baumscheibe festgemacht.

→ Inspiration: Sarah Sandra Schraudt @kaninchenhummel

Haltung in der Wohnung

→ Eine Kaninchenhaltung in der Wohnung ermöglicht einen engen Bezug zu den sensiblen Tieren, sodass eine enge Bindung zwischen dir und den Kaninchen entstehen kann. Besonders alte oder kranke Kaninchen können von einer Innenhaltung profitieren, da Erkrankungen durch das enge Zusammenleben meist schneller erkannt werden, aber auch, da sie besser vor Wetterextremen geschützt sind, die geschwächten Kaninchen zusetzen können.

In der Wohnung kann ein Kaninchengehege mit PVC als Bodenschutz und einer Umrandung einfach und günstig gebaut werden.

Bewegungskünstler brauchen Platz

Wusstest du, dass Kaninchen so schnell sprinten können, dass sie mit Leichtigkeit ein Fahrrad überholen könnten? Auch ein Meter hohe Sprünge aus dem Stand sind für Kaninchen leicht machbar. Kaninchen haben ein komplexes Bewegungsverhalten, für das sie sehr viel Platz benötigen. Da sie nachts nicht durchschlafen, sondern wechselaktiv sind, kann man sie über Nacht nicht in einen Käfig sperren. Sie brauchen mindestens 6 m^2 Platz für zwei Kaninchen, für jedes weitere werden 1,2 m^2 hinzugerechnet. Diese Maße sind die Mindestmaße, im Idealfall ermöglicht man ihnen mehr Platz oder zusätzlichen Auslauf in der Wohnung, auf dem Balkon oder im Garten. Sie wechseln Tag und Nacht Aktivitätsphasen mit Ruhephasen ab. Damit sie nicht deinen Schlaf stören, sollten sie nachts nicht im Schlafzimmer leben.

Käfige sind out

Nicht nur optisch sind Käfige kein Hingucker, auch von ihrer Funktion sind sie für Kaninchen ungeeignet. Eine Haltung in Käfigen wird Kaninchen in keinster Weise gerecht, sie können dadurch sogar Wirbelsäulenverkrümmungen und Gelenkschäden entwickeln. Bei Meinungsverschiedenheiten kommt es regelmäßig zu schweren Verletzungen, da sie nicht ausweichen können, und oft entwickeln sie Verhaltensstörungen, z. B. das Partnerkaninchen Wundlecken, Scharren in der Käfigecke oder Gitternagen. Auch wenn sie ständig offen stehen, können sich die Kaninchen am Gitter verletzen, wenn sie mit ihren Füßchen zwischen die Streben des Deckels oder der Klapptüre rutschen. Leider gibt es auch Fälle, bei denen sich Kaninchen an der oberen Türe erhängt haben. Lass am besten das Gitter ganz weg und verwende die Wanne als Toilettenkiste oder Futterplatz.

Do!

Kaninchen sonnen sich morgens und abends, damit der Körper Vitamin D herstellen kann. Da Fensterglas die dafür wichtigen UVB-Strahlen abfängt, brauchen Kaninchen eine UVB-Lampe oder Zugang zum Balkon oder Garten.

Kaninchenzimmer, Gehege oder freie Wohnungshaltung?

Es gibt viele Möglichkeiten, Kaninchen artgerecht in der Wohnung zu halten.

Freie Wohnungshaltung Am glücklichsten sind die Kaninchen, da sie eng an deinem Alltag teilhaben dürfen, wenn sie frei in der Wohnung leben. Das hat den Vorteil, dass man keinen separaten Platz für das Gehege benötigt, allerdings muss man dafür die Wohnung gut absichern (siehe S.48).

Kaninchenzimmer oder Gehege Manche Kaninchen machen viel kaputt, sodass es nicht immer möglich ist, sie frei zu halten. Auch unreine Kaninchen sind in so einer Haltungsform besser aufgehoben. Ein Gehege kann außerdem auch Schutz vor anderen Haustieren (z. B. Hunden) bieten. Bei einem eigenen Kaninchenzimmer ist es wichtig, dass man sich viel im Zimmer aufhält oder die Tür aushängt, sodass die Kaninchen nicht zu abgeschieden leben. Man kann eine 1 m hohe Acrylglastüre anbringen, sodass es optisch abgegrenzt ist. Aber auch ein eigenes Kaninchenzimmer oder ein vom Wohnraum abgezäuntes Gehege wird ihnen gerecht und zusätzlicher Auslauf sorgt für Lebensqualität.

Kaninchenbereiche und Freilauf

Kaninchenbereiche bauen

Gehegeboden

Als Bodenschutz eignet sich PVC-Bodenbelag oder Linoleum, da er urindicht, abwischbar und pflegeleicht ist. Es sollte unbedingt ein angerauter PVC mit Struktur verwendet werden, damit die Kaninchen nicht rutschen. Die Ränder dürfen für die Kaninchen nicht erreichbar sein, da sie sonst angenagt werden. Man kann sie aus dem Gehege überlappen lassen oder mit Leisten sichern. An den Wänden wird er leicht hochgeklappt, damit kein Urin darunter laufen kann. Auf dem Bodenbelag können kleinere Teppiche ausgelegt werden, die in die Waschmaschine passen.

Die Steckregale von SONGMICS bieten sich als pflegeleichte und flexible Umrandung an.

Umzäunung

Um ein Gehege vom Wohnbereich abzugrenzen, eignen sich unterschiedliche Zäune. Die einfachste Möglichkeit sind Welpengitter, da sie standfest sind und über eine Tür verfügen. Mehrere Sets kombiniert ergeben ein ausreichend großes Gehege. Auch Kleintiergitter werden häufig verwendet. Gehege aus Plexiglas mit Holzrahmen fügen sich optisch besser in den Wohnraum ein, sie können online erworben oder selbst gebaut werden. Auch Gartenzäune können zweckentfremdet oder nach eigenen Vorstellungen gebaut werden. Besonders flexibel sind Steckregale, die viele Halterinnen und Halter als Gehegezaun zweckentfremden. Diese gibt es aus Plastik oder Gitter – sollte dein Kaninchen sehr nagefreudig sein, dann verwende besser die Gittervariante, damit es kein Plastik aufnimmt.

Wandschutz

Um die Wände vor Knabberspuren an den Tapeten, Verschmutzungen und Urinspritzern zu schützen, kann man einen Wandschutz im Kaninchenzimmer anbringen. Optisch ansprechend sind PET-Folien oder Acrylglas. Auch Wandschutzfolien fügen sich schön in den Wohnraum ein, haben aber den Nachteil, dass die Tapete beim Abziehen beschädigt wird. Man kann dünne Schrankrückwände verwenden, die beschichtet und somit gut abwischbar sind. Auch Steckregalsysteme aus Plastik und PVC-Bodenbelag sind als Wandverkleidung möglich. Ideal sind Wände ohne Tapeten.

Auslauf im Garten oder auf dem Balkon

Hast du die Möglichkeit, deine Kaninchen im Garten laufen zu lassen, kannst du einen Tagfreilauf einrichten (siehe S. 38 ff.) und sie an die Transportbox gewöhnen, sodass sie stressfrei und sicher in den Auslauf transportiert werden können. Grenzt der Garten direkt an das Kaninchenzimmer oder den Freilaufbereich der Kaninchen? Dann baust du am besten das Gehege direkt an der Terrassentüre auf, damit sie selbst entscheiden können, wann

Handelsübliche PVC-Böden sind hygienisch abwischbar und schützen den Boden. Wähle eine angeraute Oberfläche, damit die Kaninchen nicht rutschen.

sie rausgehen möchten. Wenn der Balkon gesichert wird, kann auch hier Auslauf angeboten werden (siehe S. 42). Manche Halter bauen auch ein mardersicheres Außengehege an die Hauswand, sodass die Kaninchen jederzeit zwischen Wohnungshaltung und dem Außenbereich wechseln können. Ist es draußen kalt, darf man die Kaninchen nicht aussperren, nur wenn sie jederzeit zurück in die gewohnte Temperatur können, können sie auch im Winter ihren Auslauf genießen.

Freilauf – die Wohnung sicher machen

Kaninchen knabbern in der Natur Zweige, Pflanzen und unterirdisch auch Wurzeln an. In der Wohnungshaltung müssen oft Einrichtungsgegenstände dafür herhalten. Eine gut gesicherte Wohnung, eine dauerhafte Grünfutterernährung und Knabbermaterial in Form von frischen Zweigen, Weidenbrücken, Weidentunneln und Korkröhren verhindern, dass die Wohnung beschädigt wird.

Gefahrenquellen

Elektrokabel	Kaninchen knabbern Kabel an, die im Weg sind. Wenn man sie nicht hochlegen kann, helfen Kabelabdeckungen und Kabelkanäle bei der Sicherung. Kabelschläuche oder aufgeschlitzte durchsichtige Regenschläuche sind ideal für Kabel, die flexibel herumliegen.
Zimmerpflanzen	Erkundige dich im Internet, welche Pflanzen giftig sind. Am besten stellt man nur ungiftige Pflanzen auf, da die Gefahr besteht, dass doch mal ein Blatt herunterfällt oder ein Kaninchen höher springt. Auch ungiftige Pflanzen sind oft gespritzt und sollten nach dem Kauf zunächst hochgestellt werden.
Teppiche und Textilien	Manche Kaninchen haben Teppiche und andere Stoffe zum Fressen gern. Da die Fasern zu lebensbedrohlichen Verstopfungen führen können, ist es in diesen Fällen wichtig, die Teppiche wegzulassen.
Plastik	Nagen Kaninchen Plastik an, können die scharfkantigen Splitter den Verdauungstrakt durchstechen oder verstopfen.
Putzmittel	Beknabbern oder belecken Kaninchen Gegenstände mit Rückständen, können sie sich vergiften. Verwende Zitronensäure, Essigessenz oder andere unbedenkliche Reinigungsmittel.
Fenster	In Kippfenstern können Kaninchen stecken bleiben und sich dabei verletzen, es gibt jedoch einen Kippfensterschutz für Katzen, der sich auch für Kaninchen eignet.
Möbel	Manche Kaninchen nagen Möbelbeine an, hier sind Metallmöbel hilfreich oder eine dünne Folie, die man um die Möbelbeine klebt. Um die Beine zu schützen, kann man auch Zitrone aufbringen oder ein Kaninchenmöbelstück davorstellen.
Polstermöbel	Wasserfeste Sofaüberwürfe, Stretchbezüge oder Decken schützen das Sofa. Ideal sind Kunstledersofas, da man sie abwischen kann.
Böden	Parkett ist für manche Kaninchen zu rutschig, ausgelegte Teppiche geben ihnen Halt.
Rauch und Duftstoffe	Kaninchen riechen fünfmal besser als wir, für uns angenehme Düfte wie z. B. Duftvernebler oder -kerzen sind für sie sehr unangenehm. Keinesfalls darf im gleichen Zimmer geraucht werden.

‹ Aufgehängte Gemüsestreifen sorgen für Beschäftigung und Fitness.

˅ Bevor Kaninchen Auslauf erhalten, sollten alle Gefahrenquellen gesichert werden.

Damit Kaninchen in der Wohnungshaltung fit bleiben, sollte das Futter so angeboten werden, dass sie sich bewegen und strecken müssen, um es zu erreichen.

Das Gehege richtig einrichten

Erhöhte Plätze

Kaninchen fühlen sich sicherer, wenn sie erhöht sitzen können. Am besten baut man ihnen erhöhte Etagen ins Gehege, dafür kann auch ein alter Tisch zweckentfremdet werden. Als Aufgang kann man eine Rampe mit Teppich bekleben, damit sie nicht abrutschen. Manche Kaninchen springen lieber hoch, wenn man ihnen kleine Podeste als Sprunghilfen anbietet. Damit kein Kaninchen von der Etage oder Treppe abrutscht, baut man seitlich eine Leiste dran. Katzenbäume, Kaninchenburgen oder Holzstämme eignen sich ebenfalls als Aussichtsplattform.

Unterschlupfe

Große Häuschen sind ein Höhlenersatz und bieten den Kaninchen Sicherheit, wenn sie Angst haben oder sich ausruhen. Im Handel sind die meisten Häuschen zu klein, mindestens 30 x 40 cm sollten sie messen, besser sind größere Unterschlupfe. Zwei Eingänge sind wichtig, damit keine Sackgassen entstehen.

Toiletten

Damit Kaninchen stubenrein werden, sollten die Toiletten ausreichend groß sein, ab 80 x 50 cm ist ideal. Große Katzentoiletten

Häuschen mit mindestens zwei Eingängen werden zum Ausruhen und Entspannen genutzt.

Kaninchen lieben erhöhte Sitzplätze und kuschelige Untergründe zum Sitzen.

Ein Futterangebot an der Kaninchentoilette unterstützt die Stubenreinheit.

Weidenbrücken und Zweige sind gutes Nagematerial und bieten auch ein Höhlengefühl wie in der Natur.

sind gut geeignet, ebenso wie Plastikboxen aus dem Möbelgeschäft oder die Wanne eines handelsüblichen Kaninchenkäfigs. Das Futter wird am besten in einer Raufe über der Toilette angeboten. Über das Internet kann man Toiletten mit Holzraufen als Aufsatz bestellen, diese unterstützen die Kaninchen bei der Stubenreinheit und halten das Futter sauber.

Knabbermaterial

Reichlich Knabbermaterial ermöglicht es den Kaninchen, sich zu beschäftigen und schont die Einrichtung. Weidentunnel, Weidenbrücken und Korkröhren eignen sich genauso gut wie Spielzeug aus Weide. Mit frischen Zweigen kann man Kaninchen glücklich machen.

Tunnel

Kaninchen sind leidenschaftliche Höhlenbewohner. Mit Weidentunneln, Korkröhren und Holztunneln kann man ihnen das Höhlengefühl ermöglichen. Auch Rascheltunnel für Katzen eignen sich für den Auslauf. In der Außenhaltung sind stabil liegende Pflanzsteine eine langlebige, günstige Möglichkeit.

Buddelkiste

Buddeln ist ein Grundbedürfnis, das besonders unkastrierte Weibchen ausleben. Wenn die Kaninchen keinen Zugang zu Erde haben, eignet sich eine Buddelkiste, um dieses Bedürfnis zu erfüllen. Hierfür können große Kisten verwendet werden, über das Internet sind zudem auch fertige Modelle erhältlich. Beachte, dass die Buddelkiste innen abwischbar ist, damit sie sauber gehalten werden kann. Als Füllmaterial eignen sich Sand, Erde, Kokoserde oder Kleintierstreu.

Heu- und Frischfutterraufe

Damit das Heu und Grünfutter sauber bleibt, kann man Raufen verwenden. Dabei ist zu beachten, dass die Raufen einen Deckel haben, denn beim Reinspringen können sich die Kaninchen schwer verletzen.

Mein Tipp

Zubehör aus Holz hält länger, ist einfacher sauber zu halten und hygienischer, wenn man es anstreicht. Ungiftig ist der Sabberlack auf Wasserbasis, der auf Grundlage der DIN EN 71.3 hergestellt wurde.

Sauber und hygienisch

Die richtige Toilettenstreu

Die Vielfalt ist groß und jede Streu hat ihre Vor- und Nachteile. Besonders beliebt sind Holzpellets, sie wiegen zwar mehr, saugen aber auch viel Urin auf und binden den Geruch sehr gut. Damit es bequem ist, sollte eine Schicht Stroh darüber gestreut werden. Kleintierstreu verteilt sich schnell in der Wohnung und wird deshalb lieber in der Außenhaltung verwendet. Ungeeignet sind Katzenklumpstreu, aber auch Hanfmatten und Strohpellets, die gerne gefressen werden und lebensbedrohliche Verstopfungen auslösen können, da sie im Magen verklumpen.

Kinder können bei der täglichen Pflege einbezogen werden und so verantwortungsvolles Handeln lernen.

Putzplan

Täglich

- Heu in der Raufe austauschen
- Wassernapf reinigen und neu befüllen
- Toilette ausmisten
- Teppiche ausschütteln
- Futterreste entfernen
- Zusammenfegen oder saugen

Einmal in der Woche

- Toiletten ausspülen
- Flecken einweichen und entfernen
- Boden wischen
- Saugen
- Teppiche waschen

Nach Bedarf

- Streu und Bodenbelag außerhalb der Toiletten austauschen
- Buddelkiste neu befüllen

Kaninchen werden stubenrein, wenn man ein paar wichtige Tricks beachtet.

Welke oder verschmutzte Futterreste werden bei jeder Fütterung am Futterplatz entfernt.

So reinigst du das Gehege

Die Toiletten sollten täglich oder spätestens alle zwei Tage gereinigt werden, um unangenehmen Gerüchen und Darmparasiten vorzubeugen. Toiletten mit Urinstein bekommt man mit Essig oder Zitronensäure und etwas Einwirkzeit wieder blitzeblank sauber. Fell kann man mit einer Zupfbürste von Teppichböden entfernen.

Tipps für die Sauberkeitserziehung

Stubenreinheit ist kein Zufall, sondern funktioniert mit ein paar Tricks sehr gut. Bis die Sauberkeitserziehung abgeschlossen ist, kann ein Bereich mit Welpengittern abgezäunt werden (siehe S. 48), ein PVC-Bodenbelag als Unterlage fängt Unfälle in dieser Zeit auf.

Wo stelle ich die Toilette auf? Kaninchen haben in der Natur feste Plätze, die sie für ihr Geschäft aufsuchen. In der Haustierhaltung stellen wir die Toiletten dort auf, wo sie sich so einen Platz anlegen. Meistens werden Gehege- oder Zimmerecken gewählt.

Wie viele Toiletten? Eine mehr, als du Kaninchen hast, z. B. drei Toiletten für zwei Tiere.

Die richtige Toilette Beachte, dass die Toilette groß genug ist (siehe S. 52 f.), die Kaninchen sich dort sicher fühlen, da sie überdacht oder an einem geschützten Ort steht und die Einstreu bequem ist.

Futterplatz

Biete Futter über der Toilette in einer Raufe an, so sitzen die Kaninchen beim Fressen auf der Toilette und kötteln automatisch in die Wanne.

Mein Tipp

Dein Kaninchen wird plötzlich unrein?

In der Pubertät (ca. 4. bis 14. Lebensmonat) markieren Kaninchen ihre Umgebung mit Urin, auch hitzige oder scheinträchtige Kaninchen zeigen dieses Verhalten. Dies ist hormonell bedingt, oftmals hilft nur eine Kastration. Wird ein älteres Kaninchen plötzlich unrein, stecken häufig Erkrankungen dahinter (Blasenentzündung oder Gelenkschmerzen). Suche einen kaninchenkundigen Tierarzt auf!

Entdecker-kiste

für Kaninchen

Mein Tipp

Du kannst auch Schnee verwenden, der am besten in einer Plastiktüte transportiert und direkt angeboten wird, bis er schmilzt. Auch ein Stück Wiese mit Wurzeln und Erde kann frisch angeboten werden.

Das brauchst du:

Aus dem Baumarkt oder Möbelhaus:

1 große Plastikbox, mind. 75 x 50 x 15 cm

2 große Stoffsäckchen, mind. 30 x 40 cm, besser größer

Aus der Natur:

3 Steine und Kies

4 Tannenzapfen und kleine Wurzeln

5 Erde, Sand

6 Zweige mit Blättern sowie trockenes Laub von fressbaren Bäumen

Aus der Zoohandlung:

7 Stroh, Heu, Waldbodenstreu

So wirds gemacht:

Schritt 1 Suche dir eine stabile, möglichst große Kiste aus Plastik aus, die du befüllen kannst. Solltest du eine Holzkiste bevorzugen, dann streiche sie in drei Anstrichen mit Spielzeuglack, damit sie gut zu reinigen ist.

Schritt 2 Nimm dir die Stoffsäckchen beim Spaziergang mit und befülle sie mit unterschiedlichen Materialien. Auch in der Zoohandlung kannst du etwas finden.

Schritt 3 Fülle jeden Tag ein neues Material in die Kiste, nach der Verwendung kannst du es einfach in den großen Stoffsack zurückkippen und für nächstes Mal aufheben.

Schritt 4 Verstecke Trockenkräuter oder Frischfutter in der Kiste, sodass deine Kaninchen mit allen Sinnen das Material erkunden können und beschäftigt sind.

Schritt 5 Verwende die Materialien frisch für deine Kaninchen oder trockne sie auf der Heizung oder in der Sonne gut durch, damit sich kein Schimmel bildet. Lagere sie luftig und trocken, die Stoffbeutel sind atmungsaktiv.

Schritt 6 Tausche regelmäßig Materialien aus, wenn du auf einem Spaziergang etwas Neues findest, was die Sinne deiner Kaninchen anregt. Die Entdeckungskiste kann auch im Laufe der Jahreszeiten ergänzt werden.

Kaninchen

gut versorgen und verstehen

Kaninchen sind Nahrungsspezialisten

→ Kaninchen richtig zu ernähren ist nicht kompliziert, aber man kann einige Fehler machen, durch die Kaninchen schnell krank werden können.
Die wilden Verwandten unserer Kaninchen ernähren sich nur von Gräsern, Wiesenkräutern und Zweigen, gelegentlich graben sie auch nach Wurzeln. Da Kaninchen erst seit sehr kurzer Zeit domestiziert sind, haben unsere Hauskaninchen immer noch die gleichen Ansprüche an ihre Nahrung.

Was gegen eine heulastige Ernährung spricht

Kalzium und Wasser

Grünfutter enthält 80 % Wasser, Heu nur 15 %. Durch den besonderen Kalziumstoffwechsel sind Kaninchen auf eine hohe Wasserzufuhr angewiesen. Andere Tiere nehmen nur die Kalziummengen aus der Nahrung auf, die sie benötigen, während Kaninchen fast das gesamte Kalzium resorbieren, da sie es für die nachwachsenden Zähne brauchen. Dieses Kalzium lagert sich in der Niere und Blase ab, sodass es zu Erkrankungen wie z. B. Blasengries und Nierenerkrankungen kommen kann. Aus Studien weiß man, dass Kaninchen viel mehr Wasser aufnehmen, wenn sie frisch ernährt werden, anstatt Heu zu fressen und dazu zu trinken. Das Wasser aus dem Frischfutter spült das Kalzium aus den Harnwegsorganen aus, sodass es sich nicht ablagern kann.

Do!

Grünfutter füttern

Frische, blättrige und krautige Pflanzenbestandteile, also nicht nur Wiese und Baumblätter, sondern auch Gemüsegrün, Salate und blättriger Kohl, bilden die Hauptnahrung von Kaninchen und sollten vorwiegend gefüttert werden.

Don't

Hauptsächlich Heu

Ältere Informationen empfehlen oft, die Kaninchen hauptsächlich mit Heu zu füttern. Diese Angaben sind mittlerweile überholt, denn als echte Frischköstler können Kaninchen von einer heulastigen Fütterung krank werden.

Grünfutter stellt das Hauptfutter der Kaninchen dar, es sollte immer so viel gefüttert werden, dass bei der nächsten Mahlzeit noch ein paar Reste übrig sind.

Mehr Vitamine und Nährstoffe in frischem Grün

Der Vitamin- und Nährstoffgehalt von Heu ist sehr gering. Allein bei der Trocknung verliert das Heu über 50 % seiner Nährstoffe, da die zarten vitamin- und nährstoffreichen Blätter zerbröseln, sodass es hauptsächlich aus den nährstoffarmen Stängeln besteht. Zudem nimmt der Vitamingehalt bei der Trocknung und Lagerung ab: Gerade das überlebenswichtige Vitamin E und Beta-Carotin (die Vorstufe von Vitamin A) sind nur noch zu ca. 15 % enthalten, wodurch das Kaninchen bei solch einer heulastigen Ernährung seinen Bedarf an lebenswichtigen Vitaminen und Nährstoffen nicht ansatzweise decken kann und unter Mangelerscheinungen leidet.

Gefahren von häufigem Futterwechsel

Plötzliche Futterumstellungen sind für die empfindliche Verdauung unserer Kaninchen belastend. Bei einer heulastigen Ernährung wechseln sich Phasen, in denen nur Heu zur Verfügung steht, mit den Frischfuttergaben ab. Der ständige Wechsel zwischen den unterschiedlichen Futtermitteln führt zu einer mehrmals täglichen Nahrungsumstellung. Dadurch können Fehlgärungen in der Verdauung entstehen, die zu Erkrankungen im Verdauungstrakt führen.

Grünfutter hält Kaninchen gesund

→ Grünfutter darf bei einer gesunden Ernährung nie ausgehen, es sollte über 80 %, im Idealfall sogar 100 % der Nahrung ausmachen. Doch warum ist das Grünfutter so wichtig?

Warum Grünfutter so wichtig ist

Das Grünfutter hat einen hohen Gehalt an Fasern. Diese sind wichtig, um die Verdauung in Gang zu halten. Es beugt den lebensgefährlichen Haarballen (besonders bei Langhaarkaninchen oder starkem Fellwechsel) ideal vor. Man füttert nicht die Kaninchen, sondern ihre Darmflora: Die Bakterien im Blinddarm brauchen die faserreiche Nahrung, um überlebenswichtige Vitamine und Fettsäuren herzustellen. Das Grünfutter ist somit ihre wichtigste Nahrung. Falsches Futter bringt sie zum Absterben, das kann lebensgefährlich werden. Außerdem ist Übergewicht durch falsche Fütterung ein Risikofaktor für viele Erkrankungen und Grünfutter macht nicht dick.

Mein Tipp

Wie viel Futter?

Viele Halter sind überrascht, welche Mengen Kaninchen verputzen! Füttere immer so viel Grünfutter, dass bei der nächsten Mahlzeit noch ein Rest übrig ist. Kaninchen fressen durchaus etwa 400 – 500 g je Kilogramm Körpergewicht und Tag.

Futter und Zahnabrieb

Kaninchen haben ein unstillbares Kaubedürfnis. Durch das Grünfutter wird dieses befriedigt, sodass die Gefahr, dass sie Plastik, Stoffe und andere gefährliche Fremdkörper aufnehmen, stark abnimmt. Grünfutter macht nicht so schnell satt, dadurch fressen die Kaninchen immer wieder kleine Portionen. Kaninchen haben einen Magen mit wenig Muskulatur, deshalb sind sie darauf angewiesen, dass der Nahrungsbrei durch das nachschiebende Futter weitertransportiert wird und nicht im Magen liegen bleibt, wie es bei sättigendem Futter der Fall wäre. Zudem wachsen die Zähne von Kaninchen lebenslang nach und müssen tagtäglich abgerieben werden: Das Grünfutter wird in großen Mengen gefressen und ist so faserreich, dass es länger gekaut werden muss. Der Zahnabrieb wird nicht durch hartes Futter, sondern durch das Aufeinanderreiben der Zähne beim Kauen gefördert. Je mehr die Kaninchen kauen, desto besser funktioniert der Zahnabrieb.

Frische Zweige sind ein wichtiger Bestandteil der Kaninchenernährung.

Gepflücktes Grün von Draußen ist im Sommer die Nahrungsgrundlage.

Winterfütterung

→ Auch im Winter gibt es Möglichkeiten, Kaninchen gesund zu ernähren. Blattgemüse, Küchenkräuter, Gemüsegrün und Co. sind eine gute „Ersatzwiese". Dabei verfüttert man am besten täglich mindestens fünf verschiedene Grünfuttersorten.

Bittersalate (Endivie, Radicchio, Chicorée, Zuckerhut, Frisée, Löwenzahnsalat ...) enthalten, wie der Name schon vermuten lässt, sogenannte Bitterstoffe, welche die Verdauung sehr gut unterstützen. Zudem sind sie eher energiearm und beugen Übergewicht vor.

Blättriger Kohl (Grünkohl, Wirsing, Spitzkohl, Schwarzkohl, Chinakohl ...) hat einen hohen Eiweißgehalt und spendet im Winter Energie. Zudem enthalten sie Scharfstoffe, die die Atem- und Harnwege gesund halten.

Mythos Kohl

Es hält sich hartnäckig das Gerücht, dass Kaninchen keinen Kohl fressen dürfen. Dabei ist er neben Bittersalaten der wichtigste Bestandteil der Winterernährung und aus einer gesunden Fütterung nicht mehr wegzudenken. Wenn man Kohl langsam anfüttert und kein Trockenfutter anbietet, wird er sehr gut vertragen.

Gemüsegrün (Karottengrün, Kohlrabiblätter, Stangensellerie, Fenchelgrün, Blumenkohlblätter ...) ist die vielfältigste Gruppe. Was für uns Menschen oft als Abfall gilt, ist für Kaninchen wegen des hohen Faseranteils und der vielfältigen sekundären Pflanzenstoffe wichtig.

Küchenkräuter (Petersilie, Koriander, Dill – alle, die der Mensch essen darf, sind geeignet) sollten etwa 10 % des Grünfutters ausmachen und versorgen das Kaninchen mit unterschiedlichen ätherischen Ölen, damit die Atemwege und Verdauung gesund bleiben. Zudem sind sie Energiespender für den Winter.

Gründüngung findet man im Herbst auf Feldern, sie wird in der Landwirtschaft nicht geerntet, sondern soll den Boden verbessern und wird dann untergepflügt. Frage nach, ob du für deine Kaninchen etwas abschneiden darfst, denn so lässt sich die Pflücksaison verlängern.

Zweige tragen im Winter zwar kaum Blätter, ihre Rinde oder die wintergrünen Nadelbäume sind jedoch ein wichtiger Bestandteil der Ernährung, da sie die Kaninchen beschäftigen, das Kaubedürfnis befriedigen und Gerbstoffe enthalten, welche die Verdauung stabilisieren und entzündungshemmend wirken. In der Natur ernähren sich Kaninchen im Winter hauptsächlich von Rinden. Alle Obst- und Nussbaumzweige sowie einheimische Laubbäume, Fichte und Tanne sind geeignet.

Anderes Blattgemüse (andere Salate, Spinat, Mangold ...) kann in kleinen Mengen dazu gemischt werden.

< Der Speiseplan sollte sich aus fünf verschiedenen Grünfuttersorten aus unterschiedlichen Bereichen zusammensetzen.

∨ Frische Kräuter werden geliebt und können ideal zur Beschäftigung verwendet werden.

Im Winter besteht das Futter aus blättrigen Kohlsorten, Bittersalaten, Küchenkräutern und Gemüsegrün.

Sommerfütterung

⟶ Sobald draußen die ersten Pflanzen sprießen, gibt es nichts gesünderes, als an der frischen Luft Wildpflanzen zu pflücken – für uns Menschen und für die Kaninchen. Gräser, Wildkräuter und Zweige mit Blättern sind nicht nur günstig, sondern auch das natürlichste, das wir unseren Kaninchen bieten können, und wir sollten jede Gelegenheit dafür nutzen. Wildpflanzen haben einen hohen Gehalt an Pflanzenstoffen, die vielfältige gesundheitsfördernde Wirkungen haben. Es ist jedoch zu beachten, dass der Gehalt dieser Stoffe in der Winterernährung sehr viel geringer ist. Auch die Nährstoffzusammensetzung ist in der Winterfütterung weniger ideal als in der Sommerfütterung.

Das Pflücken der Wiesenpflanzen kann mit Spaziergängen verbunden werden.

Wo kann ich pflücken?

Feldränder, unbebaute Grundstücke, Wälder, Spielplätze, Parks, im eigenen Garten ... Sind in der Umgebung keine geeigneten Plätze, lohnt es sich, etwas weiter zu fahren und kostenlos zu pflücken – nicht nur für den Geldbeutel, sondern auch für die Gesundheit deiner Kaninchen!

Wo sollte ich lieber nicht pflücken?

Die Übertragung von Krankheiten über Hundekot ist sehr unwahrscheinlich. Die meisten Darmparasiten sind wirtsspezifisch, d. h. sie können nicht vom Hund auf Kaninchen übertragen werden. Die Vorteile der Wiesenfütterung überwiegen sehr stark gegenüber der unwahrscheinlichen Übertragung eines Wurms, der zudem sehr leicht und günstig zu behandeln ist. Wenn es möglich ist, sollte man Flächen, auf denen Wildkaninchen leben, nicht zum Pflücken nutzen und auf Bereiche ausweichen, an denen man keine typischen Kaninchenbaue und Tiere beobachten kann.

Muss ich Wiese waschen?

Wiese muss nicht gewaschen werden. Solltest du sie trotzdem waschen, dann achte darauf, sie locker zu lagern, da sie sonst schnell verdirbt.

Wie lagere ich frisches Grün?

Luftig und kühl ist der ideale Lagerplatz für Grünfutter, z. B. in Zeitungspapier eingeschlagen im Kühlschrank oder Keller. So reicht es aus, zweimal in der Woche pflücken zu gehen.

Kinder lernen beim Pflücken die Natur kennen und spielerisch Wildpflanzen zu bestimmen.

Wiese pflücken

→ Vielleicht bist du unsicher, welche Pflanzen Kaninchen fressen dürfen. Mit unserem Anfängerlehrgang für Wiesenpflanzen kannst du ganz einfach die häufigsten Pflanzen erkennen lernen und so deine Kaninchen sehr gesund ernähren. Vielleicht kennst du auch schon einige Pflanzen, z. B. Gräser, Löwenzahn, Gänseblümchen, Klee und Brennnesseln. Alle hier aufgeführten Pflanzen sind leicht zu erkennen und haben keine giftigen Doppelgänger.

1 **Süßgräser** sind nahezu überall zu finden und leicht durch die längliche Form zu erkennen. Alle Süßgräser sind fressbar.

2 **Löwenzahn** ist durch seine gezahnten Blätter, den hohlen Blütenstängel mit der weißlichen Flüssigkeit und später die gelben Blüten und die Pusteblume eindeutig zu erkennen.

3 **Klee** gibt es mit unterschiedlich breiten Blättern und verschiedener Blütenfarbe, aber eines haben sie alle gemeinsam: Die auffälligen und für Klee typischen drei (und wenn man Glück hat, vier) Blätter.

4 **Gänseblümchen** wachsen sehr bodennah und haben die auffälligen Blüten mit weißen Blütenblättern und der gelben Mitte.

5 **Giersch** ist vor allem im Wald oder Gebüsch zu finden und wächst flächig. Schneidet man die Stängel durch, ist der Querschnitt dreieckig.

6 **Bärenklau** hat sehr große, auffällige Blätter und oftmals rötliche Stängel.

7 **Brennnesseln** brennen bei Hautkontakt. Gerade dadurch sind sie bekannt und leicht zu bestimmen. Sie sollten vor der Verfütterung drei Stunden abgewelkt liegen gelassen werden.

8 **Taubnesseln** sind der Brennnessel sehr ähnlich, brennen jedoch nicht und haben auffällige Blüten in unterschiedlichen Farben.

9 **Spitzwegerich** Die Blattadern des Wegerichs kreuzen sich niemals, sondern verlaufen immer parallel.

10 **Breitwegerich** wächst gerne auf Wegen oder anderen verdichteten Böden.

11 **Hirtentäschel** Seine Wuchsform zusammen mit den herzförmigen Blättern machen es unverwechselbar.

12 **Knoblauchsrauke** Zerreibt man die Blätter zwischen den Fingern, hat sie einen unverwechselbaren Knoblauchgeruch.

13 **Schafgarbe** hat fein gegliederte Blätter.

14 **Sauerampfer** Die rötlichen Blüten, hohen Stängel und schmalen Blätter sind auf der Wiese sehr gut zu finden.

15 **Labkraut** Alle Labkräuter (weißes, echtes und Klettenlabkraut) haben sehr schmale Blätter, die wie ein Kranz um den Stängel angeordnet sind.

16 **Wicken** Ihre Blattform ist einfach zu erkennen.

1

2

3

4

5

6

7

8

9

10

11

12

13

14

15

16

Festes Gemüse als Beilage

→ Unter festen Gemüsen versteht man in der Kaninchenernährung alles, was nicht blättrig oder krautig ist, z. B. Fruchtgemüse wie Tomaten und Gurke, Knollengemüse (Karotten, Fenchel und Pastinaken), aber auch manche Kohlsorten (Blumenkohl, Brokkoli). Auch wenn wir Kaninchen sofort mit Karotten verbinden, ist festes Gemüse immer nur eine Beikost und darf in kleinen Mengen dazugegeben werden, aber nicht mehr als eine kleine Hand voll für zwei Kaninchen am Tag! Wenn man die Möglichkeit dazu hat, füttert man es nur als Leckerli aus der Hand zum großzügigen Grünfutterangebot dazu. Frucht- und Knollengemüse enthält weniger Fasern und hat einen höheren Kohlenhydratgehalt als Blattgemüse. Es kann in größeren Mengen die empfindliche Darmflora im Blinddarm stören und z. B. zu Durchfall führen, wenn sich Hefepilze in der Verdauung vermehren.

Festes Gemüse eignet sich auch sehr gut als Leckerli, viele Kaninchen nehmen es gerne aus der Hand.

Der Anteil an festem Gemüse sollte idealerweise erarbeitet werden.

Füttert man täglich das feste Gemüse aus der Hand, werden die Kaninchen schneller zahm.

Frisch statt trocken

Auch wenn der Handel uns mit bunten Verpackungen dazu verleitet, getrocknetes Gemüse, Obst oder getrocknete Kräuter zu kaufen, ist das keine gute Idee! Trockenobst und -gemüse ist extrem kohlenhydratreich und kann die Verdauung von Kaninchen durcheinanderbringen, sodass Blinddarmkot liegen gelassen wird, Hefedurchfall auftritt oder die Verdauung so gestört wird, dass das Kaninchen aufhört zu fressen und sofort in eine Tierklinik gebracht werden muss. Selbst als Leckerli solltest du lieber darauf verzichten und frisches Futter wählen.

Trockenkräuter haben einen extrem hohen Kalziumgehalt. Eine hohe Kalziumaufnahme kann langfristig zur Entwicklung von Blasengries und Nierenerkrankungen führen. Zudem sind Trockenkräuter sehr bröselig und zerfallen spätestens beim Kauen in kleinste Bestandteile. Kaninchen haben einen speziellen Mechanismus in der Verdauung. Alles was sehr klein ist, wird direkt in den Blinddarm gebracht, während größere Fasern im Dickdarm bleiben. Durch Trockenkräuter wird der Blinddarm überfüllt und die Bakterienflora verändert sich, sodass es zu überschüssig ausgeschiedenem, teils flüssigem Blinddarmkot, Durchfall und lebensbedrohlichen Aufgasungen kommen kann. Deshalb sollte man nie mehr als einen Teelöffel Trockenkräuter am Tag füttern und diesen lediglich als Leckerli oder zur aktiven Beschäftigung nutzen.

Warum Heu nicht fehlen darf

Heu ist eigentlich nicht wichtig in der Kaninchenfütterung und macht bei gesunder Grünfutterernährung nur einen kleinen Anteil aus, trotzdem sollte es immer angeboten

Mein Tipp

Als kleine Zuwendung zwischendurch freuen sich Kaninchen über Leckereien aus der Hand. Besonders gut geeignet sind kleine Obststückchen, frischer Dill oder Petersilie und Kleinstmengen Trockenkräuter. Um im Bedarfsfall die Medikamentengabe zu erleichtern, kann man ein eher ungesundes Leckerli aus dem Handel verwenden, das sich nass machen lässt und das Medikament gut aufsaugt. Mittel, die nicht allzu ungenießbar schmecken, können einfach in das Leckerli einziehen und werden dadurch stressfrei mitgefressen.

Tausche das Heu täglich aus, auch wenn es bei artgerechter Ernährung kaum gefressen wird.

werden. Warum ist das so? Auch wenn wir uns um eine gute Ernährung bemühen, haben unsere Kaninchen selten so gute Nahrungsbedingungen wie in der Natur. Es werden meist nicht ausreichend viele verschiedene Pflanzen angeboten oder das Grünfutter geht unerwartet aus. Dann ist das Heu ein gutes „Backup".

Do!

Das richtige Heu

Kräuterheu klingt in unseren Ohren gesund und lecker, ist aber für Kaninchen nicht das Richtige! Am besten wählt man ein grünes, langfaseriges, aber nicht allzu hartes Heu ohne besondere Kräuterzugaben oder einen sichtbaren Blattanteil. Getrocknete Kräuter können den Blinddarm überlasten, zu starre Stängel bohren sich manchmal zwischen den Zähnen ins Zahnfleisch, sodass es zu Verletzungen kommt.

In der Winterernährung enthalten Blattgemüse und Kräuter einen geringeren Anteil unverdaulicher Fasern, durch die Aufnahme von Heu nehmen die Kaninchen ausreichend dieser Fasern auf, sodass die Blinddarmflora gesund bleibt. Die unverdaulichen Fasern sind Futter für die Bakterien im Blinddarm. Und Heu bekämpft Langeweile. Kaninchen lieben es, sich in Heuberge zu legen, beknabbern die Halme und bauen sich in der Hitzigkeit Nester aus dem Material.
Nur etwa die Hälfte eines guten Heus ist für Kaninchen fressbar, denn es enthält auch unbekömmliche oder giftige Bestandteile. Zwinge deshalb deine Kaninchen nie, alles aufzufressen und tausche das Heu regelmäßig aus, damit deine Kaninchen sich die besten Bestandteile heraussuchen können.

Müssen Kaninchen trinken?

Immer wieder schreiben mir Halterinnen und Halter, dass sie völlig verzweifelt sind, weil ihre Kaninchen gar nichts trinken. Wenn du deine Kaninchen frisch ernährst, ist es völlig normal. Der Wassergehalt im Frischfutter ist so hoch, dass sie sehr viel mehr Wasser aufnehmen, als wenn sie mit Heu ernährt werden und dazu trinken würden.

Zugang zu frischem Wasser

Dennoch brauchen Kaninchen immer genug frisches Wasser. Der Wasserbedarf kann sich plötzlich ändern. Auch wenn deine Kaninchen kaum trinken, können sie beispielsweise bei einer Erkrankung, durch Heizungsluft oder Hitze plötzlich Durst bekommen. Deshalb brauchen Kaninchen rund um die Uhr, auch bei Frost, ausreichend Wasser. Sollte dein Kaninchen plötzlich regelmäßig trinken, kann eine Erkrankung dahinterstecken. Im Zweifelsfall solltest du dein Kaninchen zu einer kaninchenkundigen Tierärztin oder einem kaninchenkundigen Tierarzt bringen.

Mein Tipp

Stelle den Napf auf eine einstreufreie Fläche, z. B. auf ein Häuschendach. Näpfe mit nach innen gebogenen Rand bleiben länger sauber. Sollte Heu oder Einstreu hineinfallen, ist das für Kaninchen nicht schädlich. Meist reicht es, wenn der Napf einmal täglich gereinigt und neu befüllt wird.

Napf oder Nippeltränke?

Aus Nippeltränken trinken Kaninchen weniger, da sie das Wasser nur tropfenweise abgeben. Man kann sich das gut vorstellen, wenn man beispielsweise daran denkt, nach dem Sport den Durst an einer Nippeltränke Tropfen für Tropfen stillen zu müssen. Die reduzierte Wasseraufnahme kann Blasengries begünstigen. Außerdem sind die Trinkflaschen oft eine Brutstätte für Bakterien und der Metallnippel lässt sich schlecht reinigen. Im Winter können die Kaninchen am gefrorenen Metall mit der Zunge hängen bleiben und sich dabei verletzen. Manchmal verstopfen die Trinkflaschen unbemerkt, sodass die Kaninchen vor der vollen Flasche verdursten.

Wundere dich nicht, wenn deine Kaninchen kaum etwas trinken.

Schwere Gefäße eignen sich am besten, damit der Napf nicht umgeworfen wird.

Warum Trockenfutter krank macht

⟶ Selbst wenn du ein Trockenfutter in bester Qualität kaufst, solltest du es deinen Kaninchen nicht verfüttern, denn Trockenfutter kann sie krank machen. Hier erfährst du, warum das so ist.

Die Zähne

Die nachwachsenden Zähne beim Kaninchen sind im unteren Bereich sehr empfindlich. Wenn das Kaninchen auf etwas Hartes beißt, kann dieser Bereich beschädigt werden, was zu schweren Zahnerkrankungen in Form von Entzündungen oder Wachstum in den Kieferknochen führen kann. Typische Bestandteile des Trockenfutters, wie z. B. Pellets, Klumpen, Johannisbrot, Erbsenflocken, Getreidekörner und getrocknetes Gemüse, sind sehr hart und sollten vermieden werden.

Das Kauen

Trockenfutter wird von Kaninchen anders gekaut als Frischfutter. Normalerweise schiebt das Kaninchen seine Zähne seitlich übereinander, um Gräser und Wildkräuter an den Rillen der Zähne zu zerschneiden. Trockenfutter ist nicht flach genug, sodass das Kaninchen erst einmal draufbeißen muss. Dabei kommt es zu einem großen Druck auf die Wachstumszone des Zahns und sie kann nachhaltig geschädigt werden.

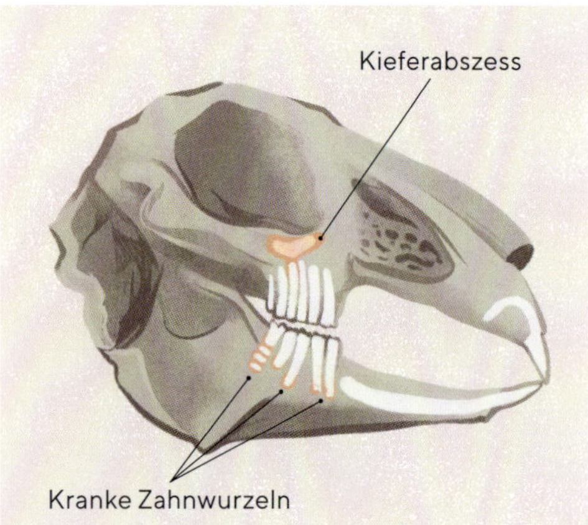

Wird Trockenfutter zerkaut, entsteht Druck auf die Zahnwachstumszone, das führt zu Entzündungen.

Blättriges, krautiges Futter wird von Kaninchen zermahlen, so werden die Zähne optimal abgerieben.

Viel Grünfutter ist ideal für den Zahnabrieb und die beste Zahnpflege, die man den Kaninchen bieten kann.

Die Sättigung

Trockenfutter macht Kaninchen sehr schnell satt, sodass sie nur wenig fressen müssen und dementsprechend wenig kauen. Die Kaninchenzähne wachsen lebenslang nach und werden nur dann optimal abgerieben, wenn das Kaninchen viel kaut. Trockenfutter führt deshalb zu Zahnspitzen und zu langen Zähnen. Durch die fehlende Befriedigung des Kaubedürfnisses der Kaninchen kann es außerdem vermehrt dazu kommen, dass sie die Einrichtung annagen.

Die Wasseraufnahme

Bereits ein Esslöffel Trockenfutter verringert die Aufnahme von Frischfutter so stark, dass kaum noch Frischfutter gefressen wird. Dadurch wird sehr viel weniger Wasser aufgenommen und es können Blasengries und Nierenerkrankungen begünstigt werden. Kaninchen fressen normalerweise täglich einen großen Berg voll Frischfutter.

Mein Tipp

Verzichte auf jegliches Trockenfutter, um Zahnerkrankungen, Blasengries und Verdauungsstörungen zu vermeiden. Dein Kaninchen ist mit einer frischen Ernährung gut versorgt, Werbeaufschriften auf den Verpackungen sollen den Verkauf fördern, sind aber inhaltlich meist nicht richtig. Zahnerkrankungen treten oft erst nach Monaten oder Jahren auf und verursachen starke Schmerzen und lebenslange Behandlungen im vier- bis fünfstelligen Kostenbereich.

Achte darauf, Leckerlis immer nur in kleinen Mengen und aus der Hand zu geben, sonst ist es zu viel für die empfindliche Verdauung deiner Kaninchen.

Die Verdauung

In den meisten handelsüblichen Trockenfuttermischungen sind kaum Fasern enthalten, sodass die Verdauung davon verlangsamt wird und die Blinddarmflora gestört werden kann. Trockenfutter ist oft zu Mehl vermahlen und wird durch den bereits bei den Trockenkräutern erklärten Mechanismus in den Blinddarm geschoben, was zum Absterben der gesunden Blinddarmbakterien führt. Die Folgen sind oft Durchfall und Verdauungsstörungen.

Do!

- Gräser
- Wiesenpflanzen
- Blättriges Gemüse
- Küchenkräuter
- Frische Zweige

Don't

- Joghurtdrops
- Hartes Brot
- Knabberstangen
- Pellets
- Kaninchen-Trockenfutter
- Gekaufte Leckerlis
- Nagersteine
- Trinkwasserzusätze

Wie stelle ich das Futter um?

Plötzliche Futterwechsel vertragen viele Kaninchen nicht so gut. Wenn du das Futter verändern möchtest, dann lasse dir und deinen Kaninchen etwa ein bis zwei Wochen Zeit.
Bei der Umstellung von Trockenfutter auf Frischfutter halbierst du täglich das alte Futter und verdoppelst die Menge des neuen Futters, bis deine Kaninchen umgestellt sind. Kohl und Klee sollten erst etwa zwei Wochen nach der Umstellung auf Frischfutter langsam angefüttert werden.
Neue Frischfuttersorten kannst du an einem Tag in kleiner Menge testen, um eine seltene Unverträglichkeit auszuschließen. Wenn es vertragen wird und dein Kaninchen an Frischfutter gewöhnt ist, kannst du es danach ganz normal dazufüttern.
Besonders empfindlich sind Kaninchen außerdem, wenn man von einer eiweißarmen Ernährung (z. B. viel Heu und Bittersalate) plötzlich auf eiweißreiches Futter (frisches Grün im Frühjahr, Kohl ...) umstellt. Auch hier ist es wichtig, die Menge des eiweißreichen Futters langsam zu steigern.

Es muss nicht immer Ungesundes sein – auch frische Kräuter oder Wildpflanzen sind als Leckerli begehrt.

Kaninchen verstehen

→ Kaninchen zeigen verschiedene Verhaltensweisen, um ihre Stimmung auszudrücken. Damit du deine Kaninchen besser verstehen kannst, werden hier die häufigsten Verhaltensweisen erklärt.

Aufreiten Das obere Kaninchen versucht mit dem Berammeln von Rücken und Kopf, eine höhere Rangordnung durchzusetzen.

Zucken Schmeckt etwas besonders gut, zucken manche Kaninchen am Rücken.

Nestbau, Büschel im Maul und Fell ausreißen Hitzige, scheinträchtige oder trächtige Kaninchen graben Satzröhren und tragen Fell, Pflanzen, Heu und Co. im Mund zum Nest. Oft reißen sie sich auch das locker sitzende Fell aus.

Sich jagen Kaninchen jagen sich, um die Rangordnung durchzusetzen, aber oft auch als Spielverhalten.

Geduckt auf den Boden drücken Geducktes Sich-auf-den-Boden-Drücken mit aufgerissenen Augen und angelegten Ohren ist eine Angststarre, wenn das Kaninchen keine Fluchtmöglichkeit sieht.

Füße oder Weibchen umkreisen Unkastrierte Rammler umkreisen die Weibchen, um sie zu umwerben. Leben sie alleine, wird oft der Mensch umkreist.

Teppiche zerwühlen, Gegenstände umherschieben Das Zurechtrichten der Umgebung ist ein natürliches Verhalten, um sich das Material nach eigenen Vorlieben zurechtzulegen.

Haken schlagen Um Angreifer abzuhängen und ihrem Bewegungsdrang nachzukommen, schlagen Kaninchen Haken, d. h. sie drehen sich und laufen in die andere Richtung weiter.

Freudensprünge, Kopfschütteln Aus Übermut, Freude und um sich auszutoben, springen Kaninchen gerne in die Luft. Häufig tritt das Verhalten als Übersprungshandlung auf, z. B. um positive oder negative Anspannung abzubauen. Oft wird davor der Kopf geschüttelt. Tritt das Kopfschütteln unabhängig davon auf, kann dies durch eine Ohrenentzündung bedingt sein.

Kinn an Gegenständen reiben Die Kinndrüsen von Kaninchen geben Duftstoffe ab, mit denen Kaninchen alles markieren, was in ihrem Revier ist.

Ohr kratzen Kratzt dein Kaninchen sich am Ohr, kann das ein Anzeichen für eine Ohrenentzündung sein.

Erstarren Sieht ein Kaninchen ein Raubtier oder erschreckt sich, so fällt es manchmal in eine Starre und überprüft die Umgebung, bevor es flüchtet.

< Kaninchen haben am Kinn eine Drüse, die Duftstoffe abgibt. Kaninchen markieren ihre Umgebung, indem sie ihr Kinn an Gegenständen reiben.

∨ Kaninchen jagen sich auch gerne mal spielerisch durchs Gehege.

∧ Berammelt dein Kaninchen ein anderes, dient das der Rangordnungsklärung.

> Kaninchen trinken, indem sie ihr Kinn ins Wasser tauschen.

< Kaninchen schieben ihren Kopf unter den eines anderen, um es zum Kuscheln und Putzen zu animieren.

∨ Gähnen ist häufig zu beobachten, wenn das Kaninchen zuvor geruht hat.

∧ Das liebevolle Putzen der Augenregion ist ein Zeichen für Zuneigung.

> Körperkontakt und Kuscheln ist für die sozialen Kaninchen wichtig.

Urin spritzen Kaninchen markieren ihre Umgebung auch mit Urinspritzern. Ähnlich wie bei Katzen ist das Verhalten durch die Kastration behebbar.

Kot fressen Kaninchen fressen ihren Blinddarmkot direkt am After, um Vitamine aufzunehmen (siehe S. 90). Manchmal wird auch Hartkot gefressen.

Wackeln der Blume Wenn das Kaninchen den Schwanz hin und her bewegt, ist das ein Zeichen für Aufregung.

Laufen Eine neue Umgebung untersuchen Kaninchen ganz vorsichtig mit nach vorne gekippten Ohren, indem sie sich schrittweise vorwärtsbewegen. Sie laufen dabei, anstatt zu hoppeln.

Hand oder Partnertier abschlecken Um ihre Zuneigung auszudrücken, schlecken Kaninchen das Partnerkaninchen oder deine Hand ab.

Kopf unter den Kopf des anderen Kaninchens schieben Diese Pose darf nicht mit der Angststarre verwechselt werden. Sie wird auch dem Menschen gegenüber gezeigt und ist eine Unterwerfungsgeste. Viele Kaninchen zeigen sie, wenn sie gestreichelt werden möchten.

Aufgeplustert sitzen Kaninchen setzen sich kugelig aufgeplustert hin, wenn sie im Winter ruhen. Das aufgestellte Fell schützt sie vor Kälte. Auch als Schmerzverhalten zeigen manche Kaninchen diese Verhaltensweise.

Wälzen Fühlt sich dein Kaninchen wohl und sicher, wälzt es sich an bequemen, erdigen oder sandigen Stellen.

Sonnen Morgens und abends legen sich Kaninchen gerne lang estreckt hin, um Sonne zu tanken.

Buddeln Besonders weibliche, unkastrierte Kaninchen buddeln für ihr Leben gerne. Das Verhalten ist natürlich, denn Wildkaninchen graben Wurfhöhlen und komplexe Tunnelsysteme, in denen sie leben. Männliche Kaninchen helfen oft beim Bau mit.

Futter wegtragen Ist ein besonders leckeres Futter dabei, tragen Kaninchen es gerne im Mund herum, um es in Sicherheit zu bringen.

Lautsprache

Schreien, ohrenbetäubender, schriller Schrei Todesangst oder plötzliche Schmerzen

Fiepsen, Fiepen Unwohlsein oder Ruflaut von Jungtieren

„Schnarchen", Geräusche beim Putzen, Schlafen und/oder in Alltagssituationen Atemwegserkrankungen oder zu enge Atemwege bei sehr kurzköpfigen Kaninchen

Schluckauf Wie bei uns Menschen

Grunzen, Grummeln, Brummeln Sie sind genervt und möchten in Ruhe gelassen werden.

Knurren Drohlaut, wenn das Kaninchen in Ruhe gelassen werden möchte. Oft durch falsche Haltung, Einzelhaltung, Schmerzen oder hormonell bei hitzigen oder trächtigen Kaninchen.

Klopfen, Stampfen (mit den Hinterbeinen auf den Boden schlagen) Das Kaninchen warnt seine Artgenossen vor einer Gefahr.

Zähneknirschen Wohlfühl-Zähneknuspern (vergleichbar mit dem Schnurren der Katze) oder Zähnemahlen bei Schmerzen.

Verhaltensprobleme lösen

Mein Kaninchen beißt oder greift mich an!

Die häufigsten Ursachen für aggressives Verhalten beim Kaninchen ist die Einzelhaltung, Einsperren im Stall oder Käfig oder ein falscher Umgang mit dem Kaninchen (siehe S. 84 ff.). Behebt man diese Haltungsfehler, sind die Kaninchen oft wie ausgewechselt. Bedränge Kaninchen niemals und akzeptiere es, wenn sie dir durch Körpersprache signalisieren, dass sie ihre Ruhe wollen. Ist dein Kaninchen trotz bester Haltungsbedingungen aggressiv, so handelt es sich meistens um Schmerzverhalten durch eine versteckte Erkrankung (siehe S. 96).

Mein Tipp

Beobachte dein Kaninchen gut – warum zeigt es das Verhalten? Wann tritt es auf? Wodurch wird es verstärkt oder abgeschwächt? So wirst du deine Kaninchen noch besser verstehen und kannst sogar viele Verhaltensprobleme selbst lösen.

Mein Kaninchen buddelt seine Einstreu aus der Toilette

Verwende eine Toilette mit breitem, nach innen stehenden Rand, sodass bei Buddelaktivitäten die Streu vom Rand abgefangen wird und in der Toilette landet. Biete deinen Kaninchen zudem eine Buddelmöglichkeit an (siehe S. 53).

Mein Kaninchen pinkelt auf mein Bett/Sofa

Gerade unkastrierte Kaninchen markieren ihre liebsten Plätze mit Urin. Biete deinen Kaninchen deshalb einen noch höheren, schön gepolsterten Lieblingsplatz an, z. B. an der Fensterbank. Decke deine Polstermöbel mit Inkontinenzauflagen oder wasserfesten Überzügen ab, bis das Problem gelöst ist.

Mein Kaninchen zerstört alles

Kaninchen haben ein ausgeprägtes Kaubedürfnis, da sie in der Natur einen Großteil des Tages mit Fressen verbringen. Biete deinen Kaninchen eine Entdeckungskiste (siehe S. 56 f.) mit unterschiedlichen Materialien an, hänge das Futter hoch und achte auf eine reine Grünfutterernährung, damit das Kaubedürfnis befriedigt wird. Biete genug Knabbermaterial, z. B. Korkröhren, Weidenbrücken und frische Zweige, an. Versuche, dein Kaninchen aktiv zu beschäftigen, z. B. indem du Leckerlis versteckst, die Einrichtung umstellst und ihnen Auslauf gibst.

Freilauf im Garten, die Möglichkeit sich zu bewegen und zu grasen ist die natürlichste Beschäftigungsform für Kaninchen und behebt viele Verhaltensprobleme.

Sollte es in der freien Wohnungshaltung zu viel zerstören, ist ein artgerechtes Gehege als Haltungsform ideal (siehe S. 46 ff.).

Meine Kaninchen streiten sich plötzlich!

Kaninchen jagen sich gelegentlich, auch wenn sie sich gut verstehen. Sollte es zu tiefen Bisswunden kommen, überprüfe die Gruppenkonstellation (siehe S. 23), zwei unkastrierte oder kastrierte Rammler oder zwei Häsinnen verstehen sich beispielsweise nicht. Sorge dafür, dass die Kaninchen genug Platz haben, alle Häuschen zwei Eingänge haben und es keine Sackgassen gibt und überprüfe, ob eines der Kaninchen in der Pubertät (4. bis 14. Lebensmonat), hitzig oder krank ist. Versuche, die Ursache zu finden und vergesellschafte sie neu, wenn sie behoben ist.

Meine Kaninchen streiten sich nach dem Tierarztbesuch!

Nehme immer alle Kaninchen mit zum Tierarzt, damit das kranke Kaninchen danach nicht anders riecht. Reibe die Kaninchen nach dem Heimkommen mit der Toilettenstreu ein, sodass sie den Gruppengeruch annehmen.

Umgang mit Kaninchen

Vertrauen aufbauen

Mit etwas Geduld kann man zu fast jedem Kaninchen eine enge Bindung aufbauen, auch wenn es bei manchen sehr lange dauert. Sollte dein Kaninchen recht scheu sein, so setze dich öfter mit einem Buch zu den Kaninchen oder schaue ein Film im Gehege, damit sie sich an deine Anwesenheit gewöhnen. Im nächsten Schritt kann man beim Füttern mit etwas Abstand daneben sitzen bleiben. Wird das gut toleriert, so rückt man jeden Tag etwas näher. Mit der Zeit fressen die Kaninchen besonders leckeres Futter neben dir und nehmen es im nächsten Schritt aus deiner Hand. Versuche nun, mit einem Finger die Lieblingsstelle zu streicheln, während du etwas besonders Gutes verfütterst. Wenn du deine Kaninchen mit einem Finger streicheln kannst, dann verwende zwei Finger und schließlich die Hand, weite dabei auch die Region ganz langsam aus. Bedenke, dass die meisten Kaninchen Zeit benötigen und gehe schrittweise und ganz behutsam vor. Geduld und Zuwendung wird von Kaninchen belohnt.

Gewöhne deine Kaninchen mit Futter an dich, damit sie sich freuen, wenn du kommst und Futter bringst.

Wenn dein Kaninchen die Scheu vor deinen Händen verloren hat …

Kaninchen an das Anheben gewöhnen

Kaninchen mögen es gar nicht, hochgehoben zu werden. Sie verbinden das Anheben mit Todesangst, da sie in der Natur nur den Boden unter den Füßen verlieren, wenn sie erbeutet werden. Durch häufiges Anheben zerstört man das Vertrauensverhältnis, sie verknüpfen sehr schnell den Menschen mit der empfundenen Todesangst und fliehen, wenn sie dich sehen. Deshalb ist es wichtig, erst das Vertrauen zum Kaninchen aufzubauen und sie anschließend gezielt daran zu gewöhnen, an den Stellen, die beim Anheben relevant sind, anzufassen. Sobald sie zahm sind, sollten sie Schritt für Schritt an das Anheben gewöhnt werden (siehe Grafik S. 86). Setze die Kaninchen nicht ab, wenn sie zappeln, sondern warte, bis sie sich beruhigen, da du sonst das Zappeln durch das Absetzen (= Belohnung) verstärkst. Solange sie nicht daran gewöhnt sind, sollten sie in eine Transportbox gelockt werden, statt sie einzufangen.

... kannst du es an seinen Lieblingsstellen sanft und vorsichtig streicheln.

Do!

- Begebe dich in die Hocke, damit du deinem Kaninchen weniger Angst machst
- Bring immer Geduld und Ruhe im Umgang mit den Kaninchen mit
- Locke deine Kaninchen mit Futter
- Streichle sie auf dem Boden
- An Stirn oder am Rücken lassen sie sich meist zuerst streicheln
- Halte dich länger bei ihnen auf

Don't

- Kaninchen zum Kuscheln hochnehmen
- „Zwangskuscheln“
- Kaninchen festhalten
- Fell gegen die Wuchsrichtung streicheln
- Kaninchen pieksen oder ärgern
- Knurren nicht als Warnung ernst nehmen
- Hinterhergehen, wenn das Kaninchen flieht
- Kinder Kaninchen anheben lassen
- Kaninchen erschrecken

Do!

Richtig anheben

1 Im ersten Schritt sollten die Kaninchen mit Futter an den Menschen gewöhnt werden. Dafür setzt man sich regelmäßig mit Futter zu den Kaninchen, gewöhnt sie an die Anwesenheit (z. B. indem man ein Buch im Gehege liest) und an die Hände, indem man sie füttert. In dieser Phase dürfen sie noch nicht angehoben werden.

2 Im zweiten Schritt werden die Kaninchen an Berührungen der eingezeichneten Regionen gewöhnt.

3 Nun kann man sanft vorne und hinten für wenige Sekunden anheben, während das Kaninchen mit Lieblingsfutter belohnt und abgelenkt wird.

4 Erst wenn sich das Kaninchen an die Schritte davor gut gewöhnt hat, kann man es wie gezeigt anheben, …

5 … möglichst schnell zum Körper führen und halten.

Don't

1 Hebe dein Kaninchen niemals an einer Nackenfalte hoch, denn es verursacht Blutergüsse und starke Schmerzen!

2 Auch das An-den-Ohren-Anheben ist tabu und ausgesprochen schmerzhaft!

Wann werden Kaninchen hochgehoben?

Auch wenn man seine Kaninchen an die Prozedur gewöhnt hat, genießen sie nicht, den Boden unter den Füßen zu verlieren. Sie dulden es zwar und lassen es über sich ergehen, aber sie mögen es nicht. Hebe sie deshalb nur hoch, wenn es notwendig ist, z. B. um etwas Auffälliges zu untersuchen, Verschmutzungen zu entfernen, oder wenn du sie zur Tierarztpraxis beziehungsweise in die Urlaubsbetreuung bringst.

Richtig anheben

Keinesfalls darf man Kaninchen an den Ohren, am Nackenfell oder an einer anderen Körperstelle anheben. Der Nackengriff verursacht Blutergüsse und ist sehr schmerzhaft. Auch das Umgreifen des Brustkorbes zum Anheben ist ungeeignet, da Kaninchen dabei aufgrund des kleinen Brustkorbes Atemnot bekommen. Greife am besten mit der einen Hand unter den Brustkorb und mit der anderen unter das Hinterteil. Nimm das Kaninchen anschließend so schnell es geht an deinen Körper. Sollte es zappeln, kannst du es beruhigen, indem du ihm die Augen abdeckst.

An andere Tiere gewöhnen

Meerschweinchen und Kaninchen sprechen unterschiedliche Sprachen, jede Art braucht deshalb eigene Sozialpartner, ein Meerschweinchen ersetzt niemals ein Partnerkaninchen. Möchte man sie unbedingt zusammenhalten, so sollte das Gehege mindestens 15 m² groß sein und für die Meerschweinchen große Häuschen mit kleinen Eingängen als Rückzugsbereich bieten und für die Kaninchen erhöhte Ebenen. Manche Kaninchen reagieren aggressiv auf Meerschweinchen, eine Garantie, dass das Zusammenleben klappt, gibt es nicht. Meerschweinchen leben oft lieber in einem eigenen Gehege.

Hunde und Katzen sind Raubtiere und sehen die Kaninchen ggf. als Beute an. In Einzelfällen kann es klappen, dass sie mit viel Geduld und Training die Kaninchen als Familienmitglieder akzeptieren, aber eine Garantie gibt es nicht. Es kann immer unerwartet der Jagdinstinkt geweckt werden. Gerade Welpen und Kitten, die mit Kaninchen aufwachsen, können oftmals sehr gut an die Mitbewohner gewöhnt werden. Eine Gewöhnung muss in kleinen Schritten und unter strenger Beaufsichtigung erfolgen. Jagdhunderassen sind weniger gut geeignet als andere Rassen.
Gewöhne Hund und Katze im ersten Schritt durch das Gehegegitter an die Kaninchen und beobachte genau, wie sie reagieren. Jagd- oder Beuteverhalten sollte unterbunden werden. Erst wenn das sehr gut klappt, kann man beim Hund mit der Schleppleine arbeiten und Katzen unter enger Aufsicht zu den Kaninchen lassen. Hole dir im Zweifelsfall, oder wenn du Neuling in der Hundehaltung bist, Hilfe bei einer erfahrenen Person.

Katzen sollten beim ersten Kontakt mit den Kaninchen streng beaufsichtigt werden.

für Kids

Kaninchen mit Köpfchen

Tricks lernen

Hör auf deinen Namen

Mach Männchen

Spring

Lieblingsessen! Verwende Obststückchen oder frische Kräuter als Leckerli. Jedes Kaninchen hat ein anderes Lieblingsessen, probiere aus, was deine Kaninchen besonders gerne mögen.

Mach Männchen!

Zeig das Leckerli deinem Kaninchen und halte es danach über sein Köpfchen, damit es Männchen machen muss, um die Leckerei zu ergattern. Schnell versteht dein Kaninchen, dass es Männchen machen muss, wenn es „Mach Männchen" hört und die Hand über sich sieht.

Gib mir die Pfote!

Zeig deinem Kaninchen das Leckerli und halte es dann in der Faust vor dein Kaninchen, sodass es versuchen wird, dranzukommen. Sobald es dafür die Pfote auf deine Hand legt, machst du die Faust auf und belohnst es. Dein Kaninchen lernt, dass es die Pfote gibt, wenn du eine Faust vor es hältst und „Gib mir die Pfote" sagst.

Spring!

Halte einen Zweig vor dein Kaninchen und versuche, es mit einem Leckerli darüber zu locken, indem du es vor seine Nase hältst. Bald wird dein Kaninchen beim Kommando „Spring" über den Stock hüpfen und auf der anderen Seite das Leckerli abholen. Der Trick funktioniert auch mit einem Reifen, durch den es hindurchspringen soll.

Hopp!

Knie dich neben dein Kaninchen und versuche, es mit einem Leckerli auf deinen Schoß zu locken, indem du es vor seine Nase hältst und Richtung Schoß führst. Wenn es seine Vorderbeine auf dir abstützt, bekommt es ein Leckerli, wenn es springt, ein weiteres.

Hör auf deinen Namen!

Rufe dein Kaninchen mit seinem Namen, wenn es neben dir sitzt und gib ihm ein Leckerli. Entferne dich jedes Mal etwas mehr und wiederhole die Übung. Irgendwann kommt dein Kaninchen her, wenn du seinen Namen rufst, um das Leckerli zu bekommen.

Do!

- Sei geduldig, es dauert etwas, bis dein Kaninchen versteht, was du von ihm möchtest
- Belohne dein Kaninchen, wenn es etwas richtig macht, mit einem Leckerli
- Höre auf, wenn es am schönsten ist

Don't

- Zwinge dein Kaninchen nie, etwas zu tun, das es nicht will
- Kaninchen mögen es nicht, für Vorführungen woanders hingebracht zu werden. Lade deine Freunde zu dir ein oder mach ein Video von euren Kunststücken

Gepflegte und gesunde Kaninchen

⟶ Kaninchen sind Fluchttiere, wenn sie Krankheitszeichen zeigen, werden sie in der Natur aus der Gruppe gemobbt – das ist meist ein Todesurteil für sie. Deshalb zeigen sie Krankheiten erst sehr spät und sehr dezent. Durch die hier aufgeführten Check-ups kannst du Krankheiten frühzeitig erkennen.

Kot und Urin richtig deuten

Normaler Kaninchenkot (Hartkot) Wenn die Kaninchen wenig Frischfutter bekommen, wird er hellbraun, frisst das Kaninchen schlecht, kann er klein und kantig werden, weiße Schlieren auf dem Kot sind Würmer.

Köttelketten Sie entstehen im Fellwechsel oder bei Zahnerkrankungen.

Blinddarmkot (Weichkot) Kaninchen nehmen ihn vom After auf, um lebenswichtige Vitamine und Fettsäuren aufzunehmen, bei Energieüberschuss, Übergewicht, Darmparasiten oder kräuterreichem Heu bleibt er liegen.

Urin Kaninchen können weißlichen, gelben bis orange-rötlichen Urin ausscheiden, auch Braunfärbungen sind normal. Klarer Urin deutet auf eine Nierenerkrankung oder Kalziummangel hin, rote Schlieren im Urin sind auf Blut durch eine Erkrankung zurückzuführen. Wird der Urin dickflüssig oder lagert sich Sand im Urin ab, so handelt es sich um Blasengries.

Wöchentlicher Kaninchen-TÜV

Nimm dir einmal in der Woche etwas Zeit, um deine Kaninchen genau zu untersuchen. So erkennst du Krankheiten.

Gewichtskontrolle

Stelle eine Babywaage auf den Boden und lege eine rutschfeste Unterlage darauf, dann kannst du sie mit Leckerli auf die Waage locken. Führe ein Gewichtsprotokoll und wiege die Kaninchen immer zum gleichen Zeitpunkt, z. B. vor

Sind alle gesund?

Um Krankheiten rechtzeitig zu erkennen, werden die Kaninchen zweimal täglich zu den Fütterungszeiten genauer beobachtet:

- **Fressverhalten** fressen alle Kaninchen normal, kommen sie wie gewohnt zur Fütterung?
- **Verhalten** verhalten sich alle Kaninchen wie sonst? Kommt das Kaninchen nicht wie gewohnt zur Fütterung? Veränderungen sind meist Krankheitsanzeichen, wird ein Tier gemobbt (Krankheitsanzeichen) oder ist aggressiv (Schmerzen)?
- **Kot** breiig, Durchfall, klein und hart …?, Urinabsatz und Urin normal?

Gewichtseinstufung

Sehr mager		• Hüftknochen, Rippen und Wirbelsäule sind spitz zu spüren. • Muskelverlust und keine Fettschicht • Das Hinterteil ist eingefallen.
Untergewicht		• Hüftknochen, Rippen und Wirbelsäule sind einfach zu spüren. • Wenige Muskeln und eine sehr dünne Fettschicht • Das Hinterteil ist flach.
Normal		• Hüftknochen, Rippen und Wirbelsäule sind zu spüren, aber abgerundet, nicht scharf - die Rippen fühlen sich wie eine mit Stiften gefüllte Tasche an. • Leichte Bauchwölbung • Das Hinterteil ist rundlich.
Übergewicht		• Es ist Druck erforderlich, um die Rippen zu fühlen. • Deutliche Fettschicht • Das Hinterteil ist rund.
Fettleibigkeit		• Rippen und Wirbelsäule sind schwierig oder gar nicht zu fühlen und liegen unter einer dicken Fettschicht. • Der Bauch hängt durch, es ist eine wabbelige Fett-schicht vorhanden. • Das Hinterteil wölbt sich.

Eine Babywaage ermöglicht stressfreies Wiegen, indem die Kaninchen mit Futter auf die Waage gelockt werden.

der Morgenfütterung. Gewichtszunahmen machen eine Anpassung der Ernährung notwendig, außer das Kaninchen ist untergewichtig oder im Wachstum. Gewichtsabnahmen von mehr als 60 g sollten in den Folgetagen durch wiederholtes Wiegen kontrolliert werden. Bewahrheiten sie sich, sollte das Kaninchen zur Tierärztin oder zum Tierarzt gebracht werden.

Krallenpflege 1

Je nach Haltungsform nutzen sich die Krallen nicht ausreichend ab. Sind sie länger als das Fell am Füßchen, so sollten sie auf die Felllänge gekürzt werden. Bei hellen Krallen sieht man den Nerv, der nicht verletzt werden darf. Am besten lässt man es sich in der Tierarztpraxis oder von erfahrenen Personen zeigen.

Achtung Fliegenmaden!

Ist Kot oder Urin im Fell, können Fliegen angelockt werden, gerade im Sommer. Sie legen ihre Eier auf dem Kaninchen ab, die geschlüpften Maden fressen es anschließend innerlich auf. Um das zu verhindern, sollten Kaninchen, die sich nicht sauber halten können, mit Spot-ons vom Tierarzt oder Fliegengitter geschützt sowie täglich kontrolliert werden! Verschmutzungen werden vorsichtig weggeschnitten, bei starker Verschmutzung kann man die Kaninchen mit dem Hinterteil in warmem Wasser einweichen und anschließend abtrocknen, föhnen und kämmen, damit das Fell wieder einen Schutz für die Haut bietet. Spreche mit deiner kaninchenkundigen Tierärztin oder deinem Tierarzt, um die Ursache zu klären.

Fellpflege und Fellwechsel 2

Das Entfernen von losem Fell im Fellwechsel beugt der Haarballenbildung vor. Besonders gut geeignet sind nasse Hände oder eine Zupfbürste, auch Flusenrollen kann man verwenden. Langhaarige Kaninchen benötigen wöchentlich intensive Fellpflege, Filz muss entfernt und die Haare gekürzt werden, damit sie gut sehen, das Fell nicht auf den Boden hängt und kein Kot im Fell hängen bleibt. Angorakaninchen müssen regelmäßig geschoren werden. An den Eingängen der Häuschen angebrachte Bürsten können loses Fell stressfrei herauskämmen.

Hautkontrolle

Schuppen, Beulen, Schwellungen, Rötungen, Wunden, schwarze Punkte oder Kahlstellen sind Krankheitsanzeichen.

Unterseite der Pfoten 3

Die Pfoten sollten gleichmäßig behaart sein, Kahlstellen entwickeln sich schnell zu wunden Läufen, hier ist eine frühzeitige Behandlung gefragt! Eine kleine, reizlose kahle Stelle an der Ferse ist jedoch normal.

Augenkontrolle 4

Kontrolliere die Augen regelmäßig: Sind die Augen glänzend, ohne Ausfluss und sauber? Dann ist alles in Ordnung. Oder sind sie trüb, entzündet, haben Ausfluss (flüssig oder eitrig) und werden zusammengekniffen? Sind Fremdkörper im Auge? Dann sollte unbedingt der Tierarzt aufgesucht werden! Sind die beiden Augen symmetrisch oder steht eines weiter hervor, wenn man von vorne schaut? Auch auf Flecken im Auge sollte geachtet werden.

Kauverhalten

Beobachte das Kauen deiner Kaninchen einmal in der Woche, so bekommst du schnell mit, wenn etwas auffällig ist. Ein verändertes Kauverhalten weist auf Zahnerkrankungen

1

1

2

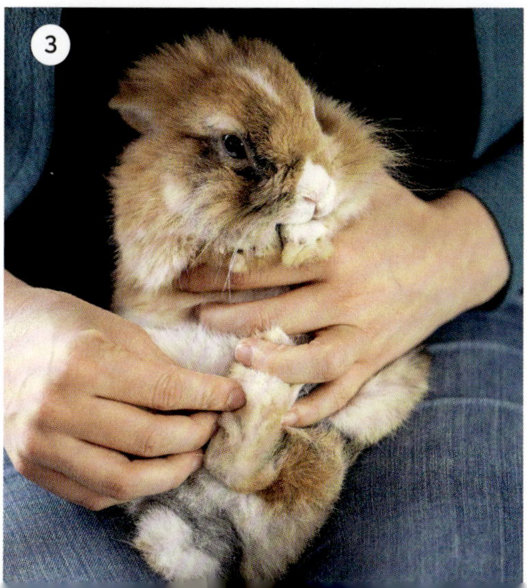
3

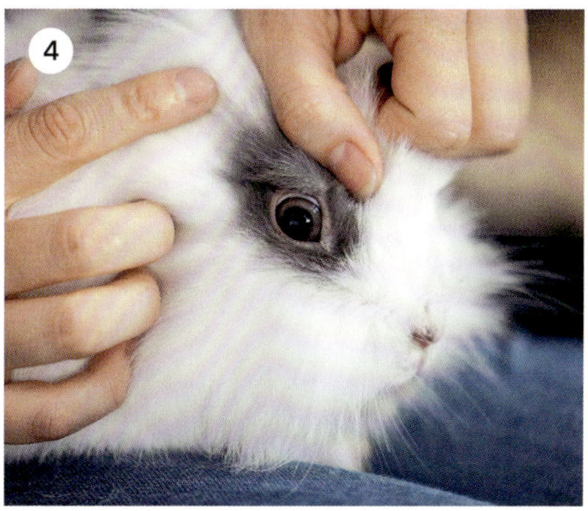
4

5

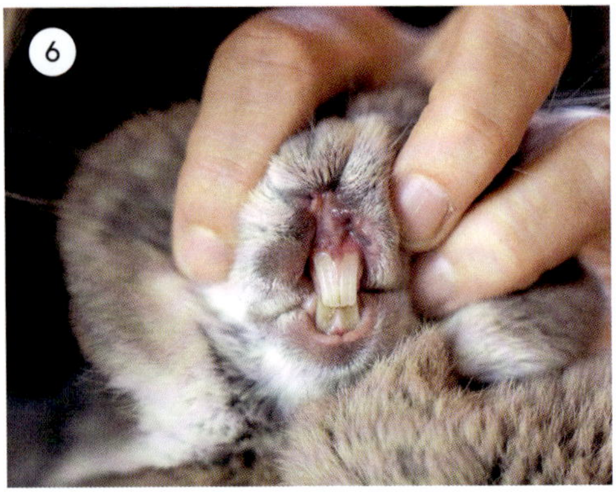
6

7

7

hin. Wird langsamer gekaut, nur einseitig oder fällt Futter aus dem Maul? Kaut das Kaninchen ewig auf dem Futter herum oder frisst selektiv nur bestimmtes Futter (z. B. weiches Futter und verschmäht Heu)?

Unterbodenkontrolle

Am schonendsten kann man diesen Bereich kontrollieren, wenn die Kaninchen ausgestreckt liegen. Ansonsten kann man sie trainieren, auf eine Glasplatte, z. B. von einem Bilderrahmen, zu laufen. Sind die Kaninchen das Anheben gewöhnt, kann man sie auch für die Kontrolle hochheben (siehe S. 85 f.). Verschmutzungen ziehen Fliegen an.

Geschlechtsecken säubern 5

Seitlich der Geschlechtsteile befinden sich unbehaarte Hauttaschen mit Drüsen, besonders bei Durchfall oder Übergewicht sind sie oft gefüllt und werden mit einem in Öl getauchten Wattestäbchen ganz vorsichtig gesäubert.

Zahnkontrollen 6

Durch einen seitlichen und frontalen Blick auf die Schneidezähne kann man viele Zahnerkrankungen frühzeitig erkennen. Dabei können Fotos beim Gähnen hilfreich sein, oder man schiebt die Lippe etwas zurück, damit man die Zähne seitlich und von vorne beurteilen kann.
Mit einem geübten Griff kann man entlang des Kiefers vom Mund nach hinten tasten und dabei beide Seiten vergleichen, sodass man unsymmetrische Knubbel spürt, die ein Hinweis auf Kieferabszesse sein können.

Nasenkontrolle

Die Nase sollte immer trocken und frei von Schorf und Sekret sein, das Kaninchen sollte nicht niesen. Ansonsten liegt oft eine Atemwegs- oder Zahnerkrankung vor, die zügig behandelt werden muss.

Ohren checken 7

Eine Veränderung der Haut im Ohr (rote Stellen, Schorf ...) oder Verschmutzungen des Gehörgangs sind Krankheitszeichen. Bei Widderkaninchen sollte unbedingt monatlich eine Ohrenpflege mit Ohrreiniger erfolgen. Ein wöchentliches Abtasten des Ohransatzes (leichte Wölbungen? Warm? Schmerzempfindlich? Juckreiz?) ist außerdem zu empfehlen. Auch Kratzen am Ohr oder Kopfschütteln sind Anzeichen einer Ohrenentzündung.

Tierärztliche Vorsorgeuntersuchungen

Impfungen Gegen die tödlichen Seuchen RHD1, RHD2 und Myxomatose.

Vorbeugende Kotproben Vor jeder Impfung Kot von drei Tagen abgeben.

Gebärmutteruntersuchungen/ Kastration Die Kastration oder zweimal jährliche Untersuchungen sind entscheidend zur Vorbeugung von Gebärmuttererkrankungen.

Widder/Hängeohren Kaninchen mit Schlappohren sollten bei den Impfungen mittels Abstrich aus dem Ohr und Bildgebung (Röntgen oder CT) untersucht werden.

E. Cuniculi (EC) Status Du solltest den Status deiner Kaninchen kennen, um EC-positive Kaninchen in Stresssituationen und bei Erkrankungen zu versorgen.

Blut-Checks Gerade ältere Kaninchen sollten regelmäßig einen Blutcheck erhalten.

Röntgenuntersuchungen Röntgenuntersuchungen vom Kopf und Körper helfen, Zahnerkrankungen und andere Probleme zu erkennen, die sonst übersehen werden.

Das kranke Kaninchen

→ Geht es deinen Kaninchen nicht gut, ist es wichtig, einen kaninchenkundigen Tierarzt an der Seite zu haben, der dich gut berät und alles genau erklärt.

Schmerzen erkennen

Zähneknirschen oder zurückgezogen und zusammengestaucht in der Ecke sitzen – kleinste Anzeichen können ein Hinweis auf Schmerzen sein. Gerade wenn man Kaninchen noch nicht so gut kennt, sollte man sie viel und genau beobachten, um ihr Normalverhalten zu erlernen. Informiere dich zum Schmerzverhalten deiner Kaninchen, um kleinste Anzeichen richtig zu interpretieren.

Wann muss ich zum Tierarzt?

Da Kaninchen Krankheitszeichen erst sehr spät zeigen, sollte man jedes kleine Anzeichen ernst nehmen und zeitnah eine kaninchenkundige Tierärztin oder einen kaninchenkundigen Tierarzt aufsuchen. Sollte es deinem Kaninchen nicht gut gehen, stellt sich immer die Frage, ob man bis zum nächsten Werktag warten kann, oder den tierärztlichen Notdienst in Anspruch nehmen muss. Ist dein Kaninchen zurückgezogen, schlapp, schwer verletzt oder frisst nicht, ist das immer ein Fall für den Bereitschaftsdienst. Bist du dir unsicher, frage dort telefonisch nach.
Wenn wir einmal keinen Appetit haben, müssen wir nicht sofort zum Arzt gehen.

Stelle die Transportbox regelmäßig mit Futter ins Gehege, so haben deine Kaninchen weniger Angst, wenn du sie transportieren möchtest.

Bei Kaninchen ist das anders: Nahrungsverweigerung ist eine ernst zu nehmende Erkrankung, die schnell lebensbedrohlich werden kann und sofort behandelt werden muss.

Hausapotheke und Erste Hilfe

Eine kleine Hausapotheke ist wichtig, gerade durch die Fahrt zum weit entfernten tierärztlichen Notdienst kann die Erstversorgung Leben retten. Kaninchen bekommen schnell Untertemperatur, wenn es ihnen nicht gut geht. Sollten sie kalte Ohren haben, so ist das ein Anzeichen dafür, dass sie Normal- oder Untertemperatur haben – wärme sie in diesem Fall auf dem Weg zum Notdienst. Auch Notfallmedikamente für die Verdauung sind für den Fall der Fälle wichtig. Mehr Infos und Tipps zur Apotheke und Ersten Hilfe erhältst du hier: https://www.kaninchenwiese.de/pflege/hausapotheke/

Medikamente eingeben und Medical Training

Um dir und deinen Kaninchen Stress bei der Medikamentengabe zu ersparen, kannst du sie an ein Leckerli gewöhnen, das im Bedarfsfall gut Medikamente aufsaugt. Ich verwende dafür ein handelsübliches Trockenfutter und tunke vor der Gabe ein Stückchen ins Wasser. Wenn eines meiner Kaninchen Medikamente nehmen muss, lasse ich das Medikament in die Leckerlis einziehen. Schmeckt das Medikament nicht allzu eklig, wird es freudig mitgefressen. Mit Banane-Apfel-Babygläschen kann man Kaninchen zudem an die Fütterung mit einer Spritze gewöhnen.

Do!

Kaninchenkundiger Tierarzt

Kaninchen gelten als Exoten in der Tiermedizin. Auch wenn viele Kleintierärzt:innen Kaninchen mitbehandeln, fehlt es meist an entscheidendem Wissen, um die Ursache für eine Erkrankung herauszufinden und gezielt zu behandeln. Suche dir deshalb unbedingt kaninchenkundige Tierärzt:innen, die sich speziell auf Kleinsäuger spezialisiert haben. https://www.kaninchenwiese.de/gesundheit/allgemeines/kaninchentierarzt/

Service

Weitere Infos für dich

Zum Weiterlesen

Websites

www.kaninchenwiese.de
www.kaninchenseele.de
www.hauskaninchen.com
www.moehren-sind-orange.de
www.langohrentraumzuhause.de

Zum Hören

Kaninchenwiese.de Dein Kaninchenpodcast

Bücher

Ewringmann, Anja: **Leitsymptome beim Kaninchen.** Enke

Lahres, Pia: **Zwergkaninchen – meine Freunde im Außengehege** (Für Kinder)

Morgenegg, Ruth: **Artgerechte Haltung – ein Grundrecht auch für (Zwerg-) kaninchen.** tbv

Müller, Isabel: **Clickertraining für Kaninchen, Meerschweinchen & Co.** Ulmer

Schmidt, Esther: **Spiel- und Wohnideen für Zwergkaninchen.** GU

Tschöpe, Sonja: **Bezaubernde Kaninchen.** Cadmos

Wegler, Monika: **Kaninchen im Außengehege: Pures Frischluft-Vergnügen.** GU

Wilde, Christine: **Leben mit Kaninchen.** NTV

Kaninchenschutzvereine

- Kaninchenschutz e. V.
- Kaninchenhilfe e. V.
- Kaninchenberatung e. V.
- Tierschutzhof Hachmuehlen e. V.
- BunnyHilfe e. V.
- Kaninchenrettung e. V.
- Burg Nagezahn e. V.
- Bayern rockt Kaninchenhilfe e. V.

Pflanzenbestimmung

App (mit Fotos Pflanzen bestimmen): Flora Incognita

Dein Kräuterguide für dich und deine Kaninchen (Band I – III) von Tamara Groß

Futter

www. kaninchenkiste.de
www. deinkaninchenfutter.de
www.hasenhaus-im-odenwald.de

Kaninchengehege

www.keeping-life.com
www.fuchs-kleintierstallbau.ch (Schweiz)

Kaninchenmöbel und Gehegeelemente

www.ninchenparadies.de
www.stupsnasensholzparadies.com
www.bunny-love.de
www.moebel-muemmelmann.de
www.tierparadiesfb.de

Sonstiges

Merkblätter der Tierärztlichen Vereinigung für Tierschutz: www.tierschutz-tvt.de

Kaninchenführerschein: haustierfuehrerschein.de

Seminare: tieraerztin-ruf.de

Kaninchen-Krankenversicherungen

www.tierdirekt.de
www.petplan.de

Dank

Mein herzlicher Dank gilt all jenen, die mich in all den Jahren in meinem Engagement für die Kaninchen fachlich und persönlich unterstützt haben. Insbesondere möchte ich danken: Elisabeth Lübcke, weil sie mich all die Jahre unterstützt hat, sowohl in der Tierschutzarbeit, als auch auf meinem Weg, mein Leben den Kaninchen und Nagern zu widmen. Erika Kühne Escobar für ihre unermüdliche Unterstützung für die Kaninchenwiese. Sowie den Tierärztinnen Melissa Brinkmeier, Melina Klein, Dr. Karin Teichmann und Dr. Anja Böttcher, die mir bei tiermedizinischen Fragen immer weitergeholfen haben.

Register

Bildnachweis

89 Farbfotos wurden von Anna Auerbach/Kosmos für dieses Buch aufgenommen. Danke an Julia Rümmelin @albkaninchen.de, dass wir ihre Kaninchen und ihre tollen Gehege fotografieren durften.
Weitere Farbfotos von Tatjana Drewka/Kosmos (11: S. 3 o., 13, 14 r., 15 o., 27 alle 4, 79 o., u.l., 80 u.l.), Alexandra Kamecke (10: S. 24 alle 3, 25 beide, 30, 38 beide, 39, 78 o.r.), Trio Bildarchiv/Nicole Schick (1: S. 15 u.), Shutterstock (Arina_B 1: S. 57/6, BestPix 1: S. 57/3, Flower_Garden 1: S. 69/4, Ihor Hvozdetskyi 1: 69/2, Jesus Cervantes 1: 57/1, Jiang Zhongyan 1: 45/6, Jiri Hera 1: S. 45/5, kitzcorner 1: 57/4, KorshunovDV 1: S. 45/2, M. Schuppich 1: S. 69/12, MichaelJayBerlin 1: S. 45/4, nnattalli 1: S. 69/8, Phonlamai Photo 1: S. 45/3, Roblan 1: S. 45/8, Simona pacan 1: S. 69/6, Svettlay 2: S. 31 beide, Tatiana Popova 1: S. 45/7, Viesturs Ozolins 1: S. 69/10, waanmonty 1: S. 45/1, xpixel 1: S. 57/7).
Die Gehegebilder wurden freundlicherweise zur Verfügung gestellt von Simone Bohn @floeckchen_und_co. 4: S. 43 alle 4, Sina Heuermann @Schnuppi_undCo 1: S. 35 u., Janina von den Westzipfelbuns 1: S. 46, Katrin von Schneider @schnickschnackschneider 1: S. 35 o., Sarah Sandra Schraudt @kaninchenhummel 1: S. 44, Steffi Tommes 8: S. 33, 36 o., Mitte und u.l., 37, 63 beide, 80 u.r.), Alexandra Wittmann @-hipster.bunnies 1: S. 51.

Mit 14 teils mehrteiligen Illustrationen von Hanna Wenzel/Kosmos

Impressum

Umschlaggestaltung von GRAMSICI Editorialdesign/Claudia Geffert unter Verwendung eines Farbfotos von Shutterstock/New Africa (U1) sowie 5 Farbfotos von Anna Auerbach/Kosmos und 5 Illustrationen von Hanna Wenzel/Kosmos.

Mit 153 Farbfotos und 19 Farbzeichnungen.

Unser gesamtes Programm finden Sie unter **kosmos.de.**
Über Neuigkeiten informieren Sie regelmäßig unsere
Newsletter, einfach anmelden unter **kosmos.de/newsletter**

Gedruckt auf chlorfrei gebleichtem Papier

ISBN 978-3-440-17562-0
Redaktion: Alice Rieger
Gestaltungskonzept: GRAMISCI Editorialdesign, Claudia Geffert, München
Gestaltung und Satz: Atelier Krohmer, Dettingen/Erms
Produktion: Carolin Wacker
Druck und Bindung: Westermann Druck Zwickau GmbH, Zwickau
Printed in Germany / Imprimé en Allemagne

FSC
www.fsc.org
MIX
Papier | Fördert gute Waldnutzung
FSC® C110508